U0087949

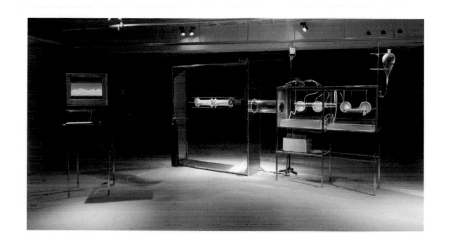

圖二

李奇登斯坦

〈Nudes in the Beach Ball〉，1993

Welche Thiere gleichen ein-
ander am meisten?

Kaninchen und Ente.

圖四
Ely William Hill
〈少女和老婦〉，1915

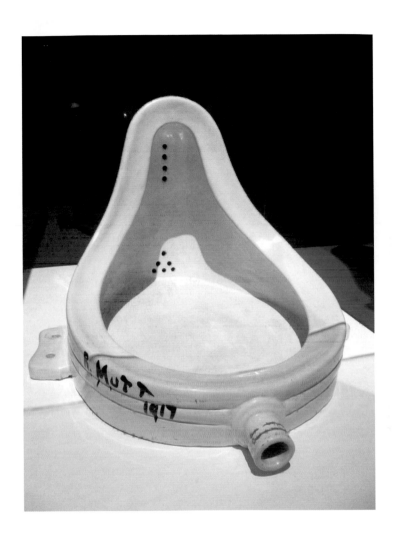

圖五
杜象
〈噴泉〉，1917

圖六
白南準
〈電視佛陀〉，1974

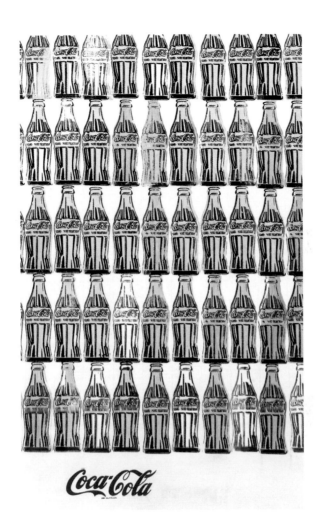

圖七
安迪沃荷
〈綠色可樂瓶〉，1962

Andrew Moore＠Flickr，CC BY–SA 2.0
https://www.flickr.com/photos/andryn2006/22163243314/

圖八
游擊隊女孩
〈女人要裸體才能進入大都會博物館？〉，2012

Πλάτων

美 × 藝術 × 哲學

硬美學

美學

—— 從柏拉圖到古德曼的七種不流行讀法

劉亞蘭 著

Henry Nelson Goodman

三民書局

序　言

　　幾年前，想要寫這本書的動機很單純，主要是為了準備大學授課和自我知識補充的需要。因為當時國內相關的美學書籍，如果是從作品賞析的角度，哲學性或許沒那麼強；如果是從哲學角度的書寫，多半又以古典和現代歐陸美學居多，分析美學的介紹則少之又少，同時談論美學理論又用實例作品分析的更是少見。也就是說，我當時想要的是一本跨越各時代哲學家、不同哲學時期和哲學觀點，既能涵蓋理論也包括作品賞析的美學哲普書。既然市面上沒有找到心目中理想的備課書籍，我只好自不量力寫寫看。於是，一寫就是好幾年。

　　果然是自找麻煩。不過在這個自找麻煩的過程中，我也試圖在這本書傳達我自己對美學和藝術的主張。這個主張就是，如果我們常把美學跟「一種與世隔絕的唯美」做一種自然的連結，那麼，我在這本書想要傳達的是，這種連結只是某個時代背景下的思考模式。與這種唯美的連結相反，我要說明的是美學所具有的社會性格。藝術不是藝術家個人的獨白，它是在各種不同層面上，對社會和人群所進行的思考和互動。因此，雖然我在這本書裡涉及到的美學和藝術理論很多，但是隱然有一個核心的問題貫穿整本書，那就是藝術和社會的關係到底是什麼？或說，我們如何用藝術思考社會？

　　基於這個核心問題，展開本書各章的討論：第一章和第二章分別從傳統歐陸哲學和二十世紀以降的分析美學，進行基本概念的釐清爬梳，第二章也是第一章當黑格爾說「藝術已死」之後，

當代藝術該如何走下去的延續思考；第三、四章則進入到藝術活動最重要的三個主角：藝術作品、藝術家和觀眾，這三者之間的互動為何？第五章把本書的核心問題「藝術和社會的關係」顯題化，反思兩個不同方向上的問題：「唯美」這個概念所隱含中產階級對生活的想像和預設，以及藝術如何避免工具化，成為政治的傳聲筒？接著第六章，則透過一些實際藝術作品的案例分析，看看藝術家如何思考藝術和社會之間的關係；第七章作為結論，討論在當今這個全球化和各種跨域的時代，藝術與社會的關係如何再進化。

　　至於書名的動機：「硬美學 / IN Aesthetics」，刻意用「硬」，是為了跟「唯美」的形象造成一種對比反差，可以解釋成冷酷、生硬、硬梆梆都行；而 "IN" 則同時也涵蓋當代藝術對流行文化的批判，以及又被流行文化收編再生產，兩者之間不斷循環製造的複雜關係。當然，讀者也可以對書名自行解釋想像，作者的梗只是一個召喚閱讀的誘餌！

　　最後，我要特別感謝三民書局的編輯團隊對這本書所投注的心力，讓作者可以在完全沒有後顧之憂的情況下，完成這本書的撰寫。在編輯的後期階段，尤其要感謝責任編輯奮力尋找本書引用圖片的版權，讓讀者能獲得更好的閱讀品質。

　　多說無益，希望你 / 妳能喜歡這本小書！

劉亞蘭於淡水 2020.5.30

硬美學
——從柏拉圖到古德曼的七種不流行讀法

目 次

─ IN Aesthetics：走進美學，閱讀當代藝術 ─

　　二〇一六年臺北洪建全教育文化基金會的藝文展覽空間「覓空間」以 "DO OR DON'T?" 為主題，邀請臺灣藝術家張碩尹與鄭先喻參展，這個展覽主題仿效哲學道德兩難 (moral dilemmas) 的抉擇：透過「一輛失控的電車即將撞上前方五個人，如果你按下開關，電車便會轉彎，但會撞到另一個人，那你會不會選擇按下？」的這種模式，問了下面這個問題：「如果玩線上遊戲，必須犧牲蚊子的生命，你會想要玩嗎？」張碩尹與鄭先喻在展覽會場打造一個大型裝置〈棲息地 Habitat: Second Life〉，在這個玻璃箱裡，養殖了數千隻孑孓與白線斑蚊，當觀眾選擇玩遊戲時，蚊子就會被二氧化碳吸引到捕蚊燈前，隨後被電擊死去。

　　這個展覽主題同時凸顯了當代藝術的幾個特性。一是，藝術關心的範圍不單只有美，也關心生命倫理、道德真假的議題；〈棲息地 Habitat: Second Life〉探索每個選擇如何影響生活、引發某種效應，以及選擇背後代表的價值觀與道德困境。這個展覽不但把一個倫理學上的兩難問題「視覺化」了，讓我們實際「看到」這個兩難；而且，不同於古典美學道德教化凌駕於藝術的觀點，當代藝術讓我們重新思考美學和倫理學之間更為複雜的關係。二是，藝術作品不再僅限於畫布裡的內容，而是跳出畫布外，作為藝術家們觀念、態度和思考之展現，並藉由行為、現場製作、即興表演等型態，使作品充滿各種可能性，出人意料之外。

　　而上述提到的不確定性，正好凸顯當代藝術的第三個特點：觀眾的參與。前面提到，這個展覽把倫理學上的兩難問題「視覺化」了：當觀眾實際「看到」這個兩難也就等於讓我們「體驗」

到這個兩難。這個展覽如果只有藝術家的裝置,沒有觀眾的參與,這個作品不能夠算是真正的完成:現場觀眾在展覽現場操控遊戲,沉浸虛擬世界娛樂的同時,便體驗了這個作品的意涵。因此,當代藝術裡觀眾所扮演的角色顯得非常重要,同時也增加了作品的不確定因素與可看性。

從這個展覽裡,我們還可以發現到,當代藝術已經從原本強調美感與視覺官能的展現,轉變成高度運用其它領域的知識或理論,將展覽作為一種知識論述能力的展現。藝術展覽裡各種知識觀念的顯題化正是當代藝術另一個重要的特性。這也就是為什麼我們常常看到當代藝術的大型展覽裡,除了藝術家的名字以外,還會出現「策展人」(curator) 這個頭銜的原因,因為當代藝術的展覽形式已經把視覺的實踐技術轉變到概念論述的知識生產與智性辯論的載具上,而「策展人」的重要工作便是生產這樣的知識論述。

最後,當代藝術常常需要借助科技之助,以便精準呈現藝術理念的表達。以這個展覽為例,藝術家特別跟臺灣大學昆蟲系的黃榮南教授合作,設計三段成長溫室的藝術裝置,於展期間繁殖八千隻以上臺灣白線斑紋,其生長養分由藝術家每日供給生血數百克,而 3D 數位遊戲的生命能量來自於斑蚊死亡,捕蚊燈則代表著每次生死的交替與重生。同時這個展覽還連結到電玩遊戲科技,其中真與假、現實與虛擬之間反思,更是當代藝術家關心的重點。

藉由〈棲息地 Habitat: Second Life〉這個當代藝術作品的開場,我們就此展開本書的三個面向:第一、二章是回溯西方古典和現代美學基本流派對美和藝術的思考與差異;第三、四章是分

析藝術作品、藝術家和觀眾三者之間具有什麼樣的連動關係；第五、六章和第七章，討論的是藝術和社會之間的關係是什麼，而這個問題同時也是在問：我們如何更好的理解當代藝術？

延伸知識

什麼是策展人 (curator)？

「策展人」在當代藝術的脈絡裡，指的是在藝術展覽活動中擔任構思、組織、管理的專業人員。curator 這個詞源於拉丁文中的動詞 curare，意為「照看」，它最早可溯源到十四世紀中葉；到了十七、八世紀，這個詞類似於負責幫貴族或富人們看護那些藝術作品、收藏的物件或古玩的「看守者」(keepers)；十九世紀中期至末期這個角色開始成形，在二十世紀中期逐漸明確為「一個展覽選擇藝術作品並作出說明的人」。進入二十世紀後，"curator" 漸漸取代了 "keeper" 的稱謂，而籌劃藝術項目的 "curator" 也發展為兩種類型：主管美術館的博物館館長 (museum curator) 和不依附任何機構，遊走各方的獨立策展人 (independent curator)。

而 curator 這段逐漸發展變化的過程，也是博物館／美術館的角色逐漸產生變化的時期。博物館和美術館不再單純扮演收藏品的存放地點，而被看作是觀眾參與，同時學習藝術的場所，藝術家與策展人都能夠在這裡共同合作將全新的表達加以展現，進行實驗。與此同時，博物館和觀眾的關係也發生改變：早期博物館的展覽是單向的，由館方研究及提供資訊，觀眾只是被動地接受及觀賞展覽；到了現在，觀眾主動參與已經成為整個策展的核心概念之一。另一方面，美術館從一九七〇年代開始，進入到觀光產業的狂飆年代，各種美術館開始大量興建，試圖成為當地觀光的亮點，但同時美術館也面臨著政府官方資源萎縮，必須自行募款以及和其他美術館多

元競爭的巨大壓力。在這些情況下，美術館只能卯盡全力，藝術策展人便應運而生。

那麼，策展人要做哪些工作呢？近五十年來，這個角色的工作已經不斷擴增，遠超出傳統範疇。今日策展人的工作不只是「為一個展覽選擇藝術作品並作出說明的人」，他的工作包羅萬象，包括製作人、專員、展覽策劃員、教育工作者、經紀人以及組織者的身份。他還可能被要求參與資金的籌措和公關行銷的能力；他們也可能因為與各個大學的合作關係而與學術世界保持聯繫，舉辦講座、研討會以及提供實習和工作的機會。由於策展人的職責不斷在變化、發展與拓寬，策展人的職業技能範圍必須同步地發展與擴大，才能應對新的機遇與挑戰。

硬美學

第一章
美具有普遍性嗎？

柏拉圖與亞里斯多德：藝術傷害人心，還是淨化心靈？

透過前面〈棲息地 Habitat: Second Life〉的這個作品分析，我們會發現「藝術（作品）」與「美」之間其實不見得有關連。若回溯西方對美與藝術的思考，其實不同時代的看法差異頗大。儘管美學 (Aesthetics) 作為一門獨立的學科領域是十八世紀才確立的事，但美學的相關問題與思考，例如：美是什麼、美的本質等問題，其實早就開始了。讓我們從柏拉圖對美的思考說起。

柏拉圖論美與藝術的關係

柏拉圖 (Plato, 427–347 B.C.) 在他的對話錄裡，有多篇討論到美的問題。其中《大希庇亞斯篇》(*Hippias Major*) 是他所有對話錄中專以美為主題的一篇。在這篇較早期的對話錄裡，蘇格拉底 (Socrates) 和希庇亞斯 (Hippias) 爭論：是否能替美下一個定義。希庇亞斯提出三個對美的定義：「美是一位漂亮小姐」、「美就是黃金」、「美就是使用適當」，但卻被蘇格拉底一一反駁。因為蘇格拉底要討論的不是「什麼東西是美的？」而是「什麼是美的本質？」因此，美並非一只湯罐、一匹馬或一位年輕小姐這些個別對象，因為它們的美是相對的，這不是蘇格拉底要的答案；而且美也不是「適當」，因為「適當」是使一個事物在外表上顯得美，而蘇格拉底要問的美，是使事物真正成其美的本質。蘇格拉底又問道，美是「有益」的嗎？他自己卻反駁說，如果美是有益的，也就是能帶來好處，換句話說就是產生出「好」（善）的，那麼美是原因，善是結果；但是原因不能等於結果，結果也

不能等於原因。因此美不是善。他們對於這個結論也不夠滿意，討論了半天，最後蘇格拉底以「美是困難的」這句諺語結束了這場對話。

柏拉圖在他另一篇著名的對話錄《饗宴篇》(*Symposium*) 中，對美的看法有了進一步的回答。對話錄裡的主角蘇格拉底，藉由第俄提瑪 (Diotima) 這名女祭司對愛情的闡述，指出了美的境界：愛神是貧乏和豐富懷孕生的孩子，愛慾就在這匱乏與飽滿的強烈慾望驅使下，不斷往上攀升；在這攀升的過程中，愛神先是見到了個別形體的美，再由美的個別形體攀升認識到美的行為制度，再從美的行為制度到美的知識，最後再由各種美的知識一直到美的大海，體悟到美的本身。我們可以從柏拉圖這段對美的看法，發現到他對美的一個特殊觀點：美是從具體日常生活可見的事物，逐漸鍛鍊心智直到能認識無法用肉眼見到的抽象理型美本身，因此，美雖然藉由愛的慾望朝向美本身，但它需要一步步從對美的具體知覺開始，才能朝向抽象的美。所以這個追求美的階梯和過程非常重要，我們無法一步登天直接認識到真正的美；但另一方面，柏拉圖所認為的美本身，最後並不停留在感性具體的事物上，因為美終究不是感性或情緒，而是理性。這個對美的結論和文藝復興以後對美的看法有很大的不同，我們會在後面詳細說明。

以上是柏拉圖對美的看法。但他對藝術的看法又如何呢？以詩為例，柏拉圖對詩人的不友善是非常有名的，例如他曾在《理想國篇》(*Republic*) 裡主張要把詩人趕出理想國。此外，柏拉圖在《伊安篇》(*Ion*) 裡認為詩人所仰賴的既不是知識也不是技藝，因為詩人都只是憑藉著詩神的靈感，才得以吟詩、解釋詩，因此

談不上有技藝；而詩真正的製造者，是真、善、美的神，所以神才是吸引力的來源，就像造成吸力的磁石一樣。而詩人不過是被磁石吸引著的第一個鐵環罷了。因此在詩的製作過程中，詩人沒有擔當任何創作，也沒有傳授任何知識給其他人，詩人只把神的靈感如實展現出來。但詩人要如何才能得到詩神的靈感呢？柏拉圖指出，詩人必須進入一種類似神靈附體的非理性迷狂狀態下，才能得到神的靈感。

因此，總結來說，柏拉圖對美和藝術的看法是：第一，關於美的看法，柏拉圖認為對美的認識是逐步攀升的，必須從具體美的事物逐步進階到美本身；對美的認識需要借助感官知覺，但美並不等於感性知覺；相反地，美本身是理性的。第二，關於藝術的看法，柏拉圖認為藝術作為對智慧、對美追尋的感性階段，是迷狂、非理性、且眩惑人心的。但與其說柏拉圖反對藝術，倒不如說他看到的是藝術易於操控人心靈脆弱的一面，進而對人和城邦所可能造成的傷害。這也無怪乎何以柏拉圖最終要把詩人趕出理想國。最後我們還可以發現，對柏拉圖而言，藝術家在個人情感上的表現並不是藝術的核心價值，相反地，藝術的意義是在於它具有正面的社會功能，而這裡正面的意涵指的是能促進社會城邦裡的成員都能夠追求善與美以及理性的生活。

柏拉圖對藝術不信任的看法也許過於激烈，因為他認為藝術逢迎人的情慾，遮蔽人的理性，褻瀆神明，不利於培養未來理想國的統治者。因此，他不但要把詩人趕出理想國，還要對文藝進行嚴格的審查制度。這些主張放在當代社會重視個體自由表達的民主脈絡下，似乎顯得特別格格不入。儘管如此，至少柏拉圖指出了一件重要的事：那就是文藝對社會的強大感染力和影響力。

雖然柏拉圖對此提出的文藝教育主張和文藝審查過於偏激，但是他其實是用非常直接的方式表達出藝術、社會和政治之間的緊密關係，以及相應的解決之道。這些緊密關係在文藝復興之後被區隔分開，一直要到當代，藝術和社會、政治之間的關係才又被複雜地關聯起來。

亞里斯多德如何看待藝術與社會的關係？

柏拉圖之後的古希臘哲學家亞里斯多德 (Aristotle, 384–322 B.C.) 對藝術的看法則緩和許多。如果柏拉圖認為藝術只是粗鄙地模仿完美的理型，那麼亞里斯多德對藝術模仿的看法則顯得較為正面。亞里斯多德認為藝術模仿的對象是人的社會生活，是在社會裡「行動中的人」──他的遭遇、感受、性格和行動。不過藝術不只是簡單地再現事物的外形，而是反映現實生活的內在本質和規律，因此藝術比現實生活更真實、更具普遍性。然而，人的藝術模仿能力又從何而來？亞里斯多德放棄了柏拉圖的靈感說，進而認為這是人出於某種本能的求知欲望，是和理性相關聯的。也就是說，藝術作品是人理性創造的成果，和自然物不同。

因此，和柏拉圖相比，亞里斯多德的藝術理論對當時的各種藝術活動似乎更寬容些。因為柏拉圖不認為藝術表現是理性的，相反地，藝術的非理性成分還會阻礙人去追尋真正的理性／美。而亞里斯多德則肯定藝術的理性認識作用，也肯定藝術的感性成分，他認為藝術既能給人知識，也能引起人的愉悅。而藝術的愉悅正是因為模仿的對象能夠滿足人們天生的求知慾望。這種愉悅的滿足，亞里斯多德認為是對社會無傷大雅的心情宣洩，能促使人得到健康和諧的發展。亞里斯多德對藝術的正面看法，尤以他

在《詩學》(*Poetics*) 裡，對悲劇的心理效果並進而達到倫理教育目的的說明最為著名。他認為，悲劇是「對一個嚴肅、完整的行動模仿；它的媒介是語言」，不但如此，悲劇還應模仿足以引起「憐憫」(pity) 和「恐懼」(fear) 之情的事件。觀眾藉由悲劇使某種過分強烈的情緒獲得宣洩而達到平靜，因而恢復並保持心理的健康。這就是亞里斯多德著名的藝術淨化論 (Catharsis)：亦即，藉由悲劇英雄所遭受重大嚴酷的不幸命運，體會到人的尊嚴和不屈的精神，使憐憫（一個人遭受不應遭受的厄運，所引發的悲憫）與恐懼（這個遭受厄運的人也與我們相似，而擔心類似命運是否降臨己身的恐懼）的情緒得以宣洩，以達到靈魂教育的效果。

因此，若總結柏拉圖和亞里斯多德對藝術的看法，他們相同的地方是，都非常重視文藝對社會的影響力；但柏拉圖用較嚴肅的角度看待藝術非理性的一面，以及對人心靈和城邦的影響；而亞里斯多德則不排除藝術，還認為藝術（這裡指的是悲劇）可使情感獲得淨化，陶冶性情，獲得一種無害的愉悅與滿足，有益於人的心理健康，使人們潛移默化提高了道德生活，進而為社會培養具道德品質的人。

— 2 —

休姆與康德：美是主觀的，還是客觀的？

西方美學從古希臘時期到十八世紀，發生了一場巨大的變化。「美學」這個詞，從十八世紀開始，逐漸被用來指涉與理性相對的整個感性領域。事實上，"Aesthetics" 這個字源自於 "aisthesis" 這個希臘字。希臘文裡的 "aisthesis" 原指經由感官所獲得的感覺、印象或感受。與另一個希臘字 "noesis" 不同，

"noesis" 指的是經由理智所掌握的思想。感受或情緒與理性之間的衝突、對立與協調，一直是西方哲學家所關切的問題，我們從前面柏拉圖和亞里斯多德對美與藝術的看法，就可充分了解這個問題的重要性。通常哲學支持的是理性這一方，揚棄情緒波動對理性造成的影響。不過，到了文藝復興和十七世紀之後，個人心靈獲得重視，成為認識事物的基礎，因此美學的興起，即是在理性之外，試圖從正面的角度來說明知覺感受與情緒在人類思維與認識的地位和重要性。

延伸知識

美學的起源

　　美學屬於哲學領域並具有正式學術研究地位，是晚至十八世紀初在德國哲學家和美學家鮑嘉頓 (Alexander Gottlieb Baumgarten, 1714–1762) 的論述中才被建立起來。由於鮑嘉頓在研究感性認識的理論中，第一次使用「美學」(Aesthetica) 這個術語，因此也被認為是美學之父，而其著作《美學》(*Aesthetica*) 也於一七五〇年出版。若從字詞的意思而言，Aesthetica/Aesthetics 這個字應該是感性之學的意思，中文翻譯成「美學」，正好凸顯了美學這個學科裡，對於美、藝術與感性之間的複雜關係。

什麼是「內在感官」(internal sense)？

　　在十七、十八世紀，個人的感官知覺取代普遍理性的權威，成為瞭解個人和世界事實的基礎。這個轉變即是近代哲學所稱的經驗主義 (empiricism)。它將知識的範圍限定在感官知覺所能探測和印證的部分，這個新的世界觀促使近代科學的快速發展，而哲學也跟上了這股流行的腳步。例如，十七世紀末的哲學家洛克

(John Locke, 1632–1704) 就主張：一切知識都是透過知覺經驗而產生的觀念建構而成的。這個知識論上的觀點，透過蘇格蘭哲學家哈奇生 (Francis Hutcheson, 1694–1746) 的發揚光大，在美學上產生一股新的思維。

哈奇生主張，人除了有視覺、聽覺等外在感官外，還有「內在感官」(internal sense) 的存在。理由是外在感官只能接受簡單的知覺／觀念，產生微弱的快感，然而像是美、整齊、和諧的感受，因為它引起心靈的是更複雜的觀念，帶有更強烈的快感，無法由簡單的觀念所提供。因此，哈奇生認為，這顯然不是靠外在感官，而是靠更高級的內在感官去接受的。然而，為什麼引發心靈這種較複雜的觀念，也是靠「感官」呢？因為它和其它外在感官有個相同點，那就是美在心靈所引發的快感是立即的，不需要藉由任何的原則、原因或知識，就像某個聲音立即引發身體的聽覺是一樣的。而且這種透過內在感官所引發的美感，跟因為某種私心所產生的那種快樂更是完全不同。

哈奇生的內在感官說，從現在的科學發展來看，只能說是一個不夠成熟的假說。因為生物科學的發展讓我們知道外在感官，例如耳朵，其構造和運作以及它與大腦神經的各種聯結和反應。但是，美的內在感官說試圖仿造生理科學，卻無法提供這類的生理學知識。如果不能提出生理學與美學之間的明確關係，哈奇生的「美感官能」具有直接感知能力的說法就顯得神秘難測。哈奇生美學雖代表著經驗主義早期對經驗、概念和知識之間的素樸想法，不過從這裡也引發近代哲學對美更深的討論，例如，美是客觀的對象還是主觀的知覺經驗？美是理性還是感性？是概念還是知覺？這些問題讓我們再進一步繼續討論。

什麼是休姆的「品味」(taste)？

哈奇生的內在感官說最關鍵的地方在於，把美的經驗，從古典美學強調的美的客觀對象，轉移到美的主觀知覺上。雖然哈奇生無法為美的知覺提供穩固的哲學基礎，不過另一位蘇格蘭哲學家休姆 (David Hume, 1711–1776) 對這個問題則往前推進一步。

休姆主張，美不是客觀存在於任何事物中的內在屬性，它只存在於鑑賞者的心中。他認為，各種味道和顏色以及其它一切憑感官接受的性質，都不在事物本身，而是在感覺裡，美和醜的情形也是如此。休姆的這個說法具有某種真實性，因為美不美或東西好不好吃，每個人看法本來就不盡相同，甚至南轅北轍，我們對美醜的鑑賞或品味似乎是由個人的主觀感受決定的。那麼既然人人都有判斷美醜的能力，人們究竟把什麼稱之為美？美有本質嗎？

休姆認為，美是一種秩序和結構，讓我們的心靈感到快樂和滿意。不過，這種秩序和結構並非單純的形式外觀，而是具有效用功能的，例如，一座宮殿之所以美是因為它的柱子結構上細下粗，讓人產生一種安全感，而安全感是愉快的，所以具有美感；反之，如果柱子的形狀是上粗下細，讓人產生一種不安和危險的恐懼，則是醜的。因此休姆主張，快樂和痛苦構成了美醜的本質。這個主張不但把美的本質等同於美感（美的主觀感受），也把美等同於快感（心理愉快滿足的感覺）。這兩個「等同」充分表現了近代經驗主義對美的基本看法。我們在下一段還會看到康德如何對這兩個問題進行修正。

不過有趣的是，休姆雖然主張美醜是由個人的主觀感受決定的，強調鑑賞品味的相對性，但他卻不支持「品味無爭論」(There

is no accounting for taste(s)) 這個傳統說法，而是試圖想要找出鑑賞品味的普遍標準。休姆認為，品味不單只是一種感受，它也包含著判斷和評價，因此，雖然每個人對同一事物的鑑賞品味變化多端、難以捉摸，但仍有某些普遍的評價原則，而這些原則只要對人的心靈感受仔細探索是可以找到的。休姆的〈鑑賞品味的標準〉(Of the Standard of Taste, 1757) 便是在探索鑑賞品味的普遍標準，並解釋品味差異性的根源是什麼。

延伸知識

鐵鏽味還是皮革味？

休姆在〈鑑賞品味的標準〉這篇文章裡，舉了一個《唐吉軻德》裡的故事，來說明鑑賞品味並非沒有普遍標準：

有一次桑科 (Sancho，唐吉軻德的僕人) 的兩個親戚被人叫去品嘗一桶陳年的好酒。當大家紛紛稱讚酒的美味的時候，這兩個人分別有不同意見：

A 說，酒不錯，但是帶有一點鐵鏽味；

B 說，酒不錯，但帶有一點皮革味。

大家都對這兩人的意見不以為然，直到最後酒喝完後，才發現酒桶裡有一條繫著皮條的鐵鑰匙。可見這兩人的品味判定並非無的放矢。

休姆在〈鑑賞品味的標準〉裡並沒有正面回答這個普遍的標準是什麼，不過他卻鉅細靡遺的討論造成人與人之間鑑賞品味的差異原因。這些原因包括三個部份：第一部分和鑑賞者有關，像是需有健全的生理感官，例如有紅綠色盲的人可能無法細緻分辨藝術作品裡的紅綠顏色，進而影響對該作品的評價；第二部份則

是鑑賞的時間、地點等周遭環境也會影響我們的鑑賞；第三部分則是我們對語言文字掌握的精準程度。休姆對鑑賞品味差異的討論，進一步論證了藝術教育的重要性。因為他主張：1. 藝術品味可以有普遍性；2. 但是這個普遍性，會因為種種因素被阻礙，使得我們無法達到；3. 如果這些後天因素一一被排除，或加以適當的教育及訓練，人人皆可具有藝術品味。因此，藝術教育是有意義的。

對美的看法，休姆一方面明確主張美是個人的主觀感受，但另一方面，他也說美感鑑賞的品味不單只是一種感受，其中也包含著判斷和評價；換句話說，美具有普遍性。對於這種既主觀又具普遍客觀的美感到底是什麼，其實休姆跳過這個最根本的問題，僅說明造成美感品味差異的原因。對這個問題真正提出哲學論據的則是康德 (Immanuel Kant, 1724–1804) 對美的分析。

什麼是康德的「無利害的快感」？

在康德以前的經驗主義（例如休姆）對於美是什麼，提出兩個重點：一是美感等同於快感；二是美是主觀的感受，但有普遍的標準。康德對這兩點都提出的進一步的修正。我們先看第一點。

康德在他最重要的美學著作《判斷力批判》(*Critique of the Power of Judgement*, 1790) 裡，對美的分析中，區分了三種快感。第一種快感是生理上的愉悅滿足，例如，吃飽喝足、抓癢等；第二種快感是道德善的滿足，這種快樂也包括我們對健康幸福的追求和享受。這兩種快感的內容和層次，雖然差異很大，但是康德認為它們有一個共同點，那就是它們都是與利害關係結合的。第

一種快感滿足了感官的直接利害關係，第二種快感則滿足了理性上的利害關係，他們都對客體有所欲求，都是對欲望的滿足，且只關心是否獲得滿足的實踐活動（例如要滿足口腹之慾就要去吃美食；要獲得健康就要每天運動）。而康德認為的美，則是第三種快感，這種快感和前兩者最大的不同是，它是無利害關係的(disinterested)。例如，當我們欣賞著曇花一現的美，考慮的不是這朵花的生存樣態，而單單只是對這朵花不具私心的觀照。但是反過來，如果我現在想到的是曇花所具有的養生功能（例如可以把它摘下煮湯降血脂），那麼我對這朵花便已產生了某種利害關係和相應的實踐活動，這便不是無利害關係的美。依此原則，上述休姆提到的美，對康德來說就不是一種無利害關係的美，因為休姆所說的美，是一種兼具效用功能的秩序和結構，雖讓我們的心靈感到快樂和滿意，但仍依附在像安全感這樣的特定目的上。

因此，康德美學對於美感和快感之間，做了細膩的區分，美感並不直接等同於快感，美感既不是生理快感或道德感，而是一種純然的淡漠無私，不涉及任何利害關係的自由，這便是康德所說的美感（或審美判斷）。

接下來，我們再來看第二點。康德還進一步修正了休姆有關美如何既是主觀的感受，同時又具有普遍的標準這個問題。康德問說，如果美具有普遍性，這個普遍性是哪裡來的？康德認為，首先這個普遍性不是來自概念。概念所具有普遍性，在於它能揭示客觀對象的某種性質，因此概念的普遍性具有一種客觀的普遍性。但是，美的普遍性並不是來自概念，因為美不是一種邏輯概念，美只顯示出主體的一種「心意狀態」，而這種心意狀態，因為是無利害關係的，因此有理由期待別人的普遍贊同。因此，我

們的美感（或審美判斷）具有一種主觀的普遍性。

　　康德對美的分析，和休姆不一樣的地方是，雖然休姆認為鑑賞品味有客觀標準，但他僅說明造成美感品味差異的原因；而康德則直接對美的主觀的普遍性，提出正面的思考和回答。關鍵在於主體無利害關係的心意狀態。依此，康德進一步問，在這個心意狀態裡，是快感（感覺）優先還是審美判斷（理性）優先？康德認為快感不能優先，否則那僅是生理感官上的滿足，不具有普遍的可傳達性。因此，康德說這種心意狀態雖有個人感覺的形式，但也包含著一定的理性內容，它的特徵就在於美感對象的形象顯現形式，可以引起想像力和理解力這兩種認知功能保持和諧、不確定的自由遊戲。因此，康德認定，每個人都有共同的心理認識功能，都有一種「共同感覺力」（或「共通感」，亦即「人同此心，心同此理」），因而都能在一定的條件下產生、感覺到這種心理認識功能的自由遊戲。因此，這個個人主觀的「心意狀態」，可以具有普遍的社會可傳達性。

　　因此，康德的審美判斷，不涉及利害，不是實踐活動，但卻有與實踐活動相類似的快感；它不涉及概念，不是認識活動，但卻需要有想像力和理解力這兩種認知功能的和諧互動。

　　在這兩個基礎下，康德進一步再闡述，審美判斷同時是「無目的的合目的性」。審美判斷所要求達到的既不是主觀目的也不是客觀目的：沒有主觀目的是因為，它並非要達成個人主觀的意圖和要求；沒有客觀目的是因為，它不需要達成對客體的邏輯或認知判斷。但審美判斷雖沒有明確的主客觀目的，可是它卻包含某種目的性，這個目的指的是主體想像力和理解力之間和諧自由的遊戲，兩者之間的相互契合所產生的一種愉悅的美感。

　　就這樣，康德以一種極為精緻的思慮說明了：審美判斷不涉及利害、不涉及概念、沒有明確的目的，卻符合目的性、是主觀個別的，卻具有普遍性和社會性。不是一般的實踐活動卻像實踐活動；不是認知活動卻類似認知活動，因此康德的美學成為認識活動和實踐活動之間的橋樑。

延伸知識

康德對崇高 (sublime) 的分析

　　康德在《判斷力批判》裡，除了分析美之外，還分析了「崇高」這個概念。康德認為，「崇高」的情感雖然和美一樣，需要有想像力和理性 (理解力) 的互動，但是和美不同的是，「崇高」感受裡的想像力和理性之間的互動並不是對等的，而是為了達成理性的目的。康德進一步以「數學的崇高」和「力學的崇高」這兩個面向加以說明。

　　有關「數學的崇高」(the mathematically sublime)，康德以暴風雨中的大海、荒野的崇山峻嶺等自然現象為例說明：我們如何在一個對象體積無限大，大到超出任何感官尺度的東西上感到崇高？康德說，人的想像力是有極限的，一旦達到它的極限，內心就需要有一種超出一切感官尺度的能力，把這東西思考成為一個整體，也就是理性的能力。因此，當想像力發揮到極致進而喚起理性能力的時候，崇高感便產生了。

　　有關「力學的崇高」(the dynamically sublime)，康德同樣也用自然對象為例，例如嚴峻高懸的陡峭山崖、帶著毀滅威力的火山、驚濤駭浪中的汪洋大海等，康德認為，如果我們發現自己處於安全地帶，那麼這景象越可怕，就對我們越有吸引力。因為，這些巨大的自然景象讓我們免於恐懼，並在我們心中發現一種抵抗和超越自然

界巨大力量的理性能力。而這種超越自然威力的理性能力與人的道
德情操有關，是一種維護人格尊嚴、臨危不懼的心意狀態。

　　這也就是康德所說「人為自然立法」的觀念。康德認為單純的
自然本身還不是崇高，必須使這些自然現象和人的理性連結起來，
引起人主體內心的激盪，這才是崇高。因此，崇高實際上並不在自
然現象裡面，而在人的主體裡。崇高不是自然現象本身的特性，而
是人對自然的超越和戰勝，是人自身崇高性的呈現；對自然現象的
崇敬實際上是對人自身理性的崇敬。

　　康德美學修正了休姆的經驗主義立場，把休姆的問題「美如
何可以是主觀感受，又具有普遍性？」做了精緻的回答，這使得
康德美學對現代美學留下兩個重大的影響和發展。第一個發展是
對後來形式主義美學和二十世紀美國抽象繪畫理論所造成的影
響。形式主義美學所強調的審美經驗和審美態度，是把康德美學
裡的「無涉利害性」概念，發展成一種極端的「形式－內容」
二分法，完全排除以知識／內容為基礎的審美經驗，其中的代表
人物是英國的貝爾 (Clive Bell, 1881–1964)。二十世紀美國的抽
象繪畫理論更是運用康德的「無涉利害」概念，認為每一種藝術
如果能找到屬於自己愈獨特的性質（例如繪畫的「平面性」），
就愈具純粹性、藝術性和自律性 (autonomy)，其中的代表人物是
美國著名的藝評家格林伯格 (Clement Greenberg, 1909–1994)。

延伸知識

從貝爾的「有意味的形式」到格林伯格的繪畫「自律性」

　　貝爾的形式主義強調「有意味的形式」(significant form)，它的
意思是指視覺藝術可以喚起某種特殊情感，如果藝術作品沒有它，

它就跟一般物品一樣。因此，「有意味的形式」是區分藝術品與非藝術品差別的關鍵因素。那麼，這是一種什麼樣的情感形式呢？貝爾認為在各種不同作品中，線條，色彩以某種特殊方式組成的某種形式或形式間的關係，所激起的審美情感，就是貝爾所說的「有意味的形式」。因此，這裡的「意味」指的就是一種不同於一般情感的特殊審美情感；「形式」指的是作品各種線條色彩所構成的純粹形式。這個對審美的看法，後來繼續在二十世紀被美國的格林伯格所延續。

格林伯格運用康德的「無涉利害」概念，對二十世紀的現代藝術有更大的企圖：他認為，每一種藝術都必須要能夠「自我證明」，證明每個特殊藝術中獨特和不可還原的東西。以繪畫為例，它必須放棄屬於雕塑的三次元性質、放棄屬於文學的敘事性，而「平面性」(flatness, two-dimensionality) 就是繪畫藝術中獨特和不可還原的東西。尋找每種藝術獨特和不可還原的東西的狀況，就被格林柏格稱為藝術的「自我批判」(self-criticism)。每一種藝術如果能找到屬於自己愈獨特的性質 (例如繪畫的「平面性」)，就愈具純粹性、藝術性和自律性。

而藝術的這種純粹性，對格林伯格來說，正是讓我們可以產生一種更為專注的方式，亦即一種無關利害的靜觀能力，這種能力就是審美態度和審美經驗。格林伯格這種對藝術要求純粹性和自律性的「自我批判」，不但把貝爾「有意味的形式」裡的「形式」更加極端化，同時更進一步把藝術純粹化作為藝術的自我要求。而這個藝術純粹化，是建立在我們與生活情感脫離的特殊審美經驗中，貝爾就說過：「欣賞一件藝術品，不需要移入任何生活內容，不需要了解任何生活觀念的知識，也不需要熟悉任何生活情感。」

格林伯格企圖用這種繪畫「自律性」和「自我批判」的概念，

形塑出一部具有進化論色彩的現代主義藝術史：從現實主義、印象派、後印象派，再到野獸派、立體派，最後到抽象表現主義；從再現對象轉而表現情感，從具象走向抽象的革命性變化。在這個「進化」體系裡，達達主義和超現實主義是沒有價值的，因為他們背叛了純粹性和平面性的原則。格林伯格為抽象表現藝術背書的這套理論在美國五○至六○年代的紐約，幾乎成為當時的藝術主流。不過，對一般民眾而言，這套論述和單調的抽象繪畫，顯得過於小眾且菁英，因而無法被理解。因此，當後來的普普藝術出現而大受歡迎後，格林伯格的形式主義美學便逐漸走向沒落。

康德美學的第二個發展是，由於康德美學缺乏從一個整全的觀點去思考人、藝術和社會、歷史之間的關係，因此，不論是後來的席勒 (Friedrich Schiller, 1788–1805) 還是黑格爾哲學，皆是在彌補這個斷裂和缺失。不過，康德在美的分析裡，美的主觀普遍性之所以能達成的一個重要關鍵點是：共通感。因為無利害關係，所以有理由期待別人普遍贊同的「心意狀態」及共通感，而這個共通感是具有普遍的社會可傳達性的。形式主義美學的發展拋棄了康德美學這個非常重要的因素，只片面發展「無涉利害」的審美經驗，讓這個審美經驗變成一種脫離一般生活情感的特殊知覺模式，結果反而遠離了社會普遍可傳達性的共通感。不過，康德美學裡的這個社會普遍性面向，其實康德自己也並未再進一步說明這個必然性到底是從何產生的？關於這個面向，我們從席勒的藝術哲學裡找到康德美學的另一個發展支脈。

席勒與黑格爾：美達到自由之後，藝術就死掉了？

席勒的「遊戲衝動」

席勒是德國狂飆運動 (Sturm und Drang, 1765–1795) 的主要人物之一。狂飆運動認為康德的哲學啟蒙運動雖然提倡理性，卻忽略了情感在藝術與人性的重要性，因此狂飆運動強調理性與感性的相互結合，使人可以獲得更大的整全性。席勒在他著名的《美育書簡》(*On the Aesthetics Education of Man*, 1794) 裡便主張美育的重要性，因為透過美，人們才可以達到真正的自由。為什麼美可以達到自由？

席勒認為，因為近代社會的發展，使得國家和教會、法律、習俗都分裂開來，享樂和勞動脫節、工作和報酬也脫節，這些種種對人的創傷把人性都撕裂了。人無法在這樣的環境裡好好發展自己，只能把自己限縮在某個單一的領域裡，造成人性的瓦解。那麼，為什麼美育可以解決人性的分裂呢？席勒認為，人既有理性、精神的一面（他稱之為形式衝動），也有感性、物質的一面（他稱之為感性衝動），這兩種衝動都是人固有的天性，理想的完美人性就是兩者的和諧統一。近代人性的分裂破壞了這種統一，席勒進而提出第三種衝動，即「遊戲衝動」，才能把前面兩種衝動調和起來，使人在精神和物質上獲得調和，進而達到人的自由，恢復人性的完整。而美就是遊戲衝動的對象。換句話說，美就是我們理性與感性統一、對象與主體統一的狀態，當達到這種狀態的時候，就是自由。因此，席勒結論說，只有當人性完整的時候，他才遊戲；只有當人遊戲的時候，他才是完整的人。

席勒的遊戲衝動，在某種程度上，是把康德審美判斷裡主體想像力和理解力之間和諧自由的遊戲及其愉悅的美感，置放在人性整全和自由這個更大的脈絡裡，試圖為美找到一個較為客觀面的基礎。也就是說，「美」並非是一個孤立於社會其他現象的議題，美或藝術是人與現實世界互動的一種關係。如何把美置放在一個更大的社會與歷史脈絡下，我們會繼續在黑格爾的美學裡看到。

黑格爾的「藝術之死」

黑格爾 (G. W. F. Hegel, 1770–1831) 美學最引人入勝的地方在於，他引入辯證法與歷史主義，不再孤立地研究美或藝術，而是把藝術和其他社會現象都看作人與現實世界的一種關係，並試圖說明藝術有一個形成、變化和發展的歷史過程，力求在歷史和邏輯、實踐和理論的統一中去把握藝術發展的規律。

黑格爾認為，美是「理念」(Idea) 的感情顯現。而「理念」指的是什麼呢？他認為世界上的各種事物都只是現象，並不真實，只有現象背後的思想才是事物的本質和真實，各種現象都只是思想或理念的顯現。這種構成各種事物現象背後的本質或基礎，就是黑格爾所稱的理念（或絕對精神）。然而，這個「理念」是有它的動態與發展的，它依循著辯證發展：亦即，事物從原本與自己同一的狀態，發展為與自我分離，也就是「客體化」(objectification)、「異化」(alienation) 的過程，最後，它再回歸統一到自身，變成一個新的自我。然後再進入下一個與不同事物的循環上升，最後「理念」再重新回到自己。這個不斷開展、回歸、再開展的過程，是「理念」為了可以更好的認識自己。依據

這樣的辯證發展，黑格爾的「理念」從一開始的純粹邏輯階段，開展出自然和人的社會（精神）階段；而美正是精神階段裡絕對精神的感性階段。

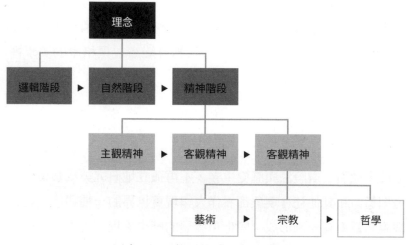

圖表一：黑格爾的「理念」展開圖

因此黑格爾認為，「美是理念的感情顯現」的意思就是說，美是理念在絕對精神階段要表現為感性的具體形象、成為能訴諸人的感官和心靈的藝術形象。因此黑格爾說，藝術的內容就是理念，藝術的形式就是訴諸感官的形象；「美是理念的感情顯現」就是要把理念和感性顯現兩者統合為一。所以，藝術不同於宗教和哲學之處便是，藝術是用直接、感性形象的方式（而不是思辨）表現理念。透過這個複雜的系統，黑格爾說明了美與社會其他現象（例如，宗教、哲學等）之間的動態關係，並且把美看作人與現實世界互動的一種方式，把美放進一個形成、變化和發展的歷史過程。

接著，黑格爾將藝術發展按時間序列，分成三種藝術形式：

象徵型、古典型、浪漫型。在藝術發展中，每個階段都有主導的類型，象徵藝術主導的是建築；古典藝術主導的是雕刻；浪漫藝術主導的是繪畫、音樂與詩，而在所有藝術中最高成就的是詩。整體來說，藝術愈往前進，物質的因素就愈下降，而精神的因素就愈上升。

圖表二：黑格爾美學的三種藝術形式

最後，由於浪漫型藝術的精神壓倒物質，這種分裂必然導致藝術本身的解體。因此，若再進一步發展，絕對精神最後會徹底突破有限感性形式的束縛，浪漫藝術也要解體，藝術最終讓位給哲學，而藝術歷史就此終結。這時藝術已窮盡它一切有意義的可能性，除了在舊主題上製作出新變體之外，它別無可為，因此邁向藝術的終結與死亡，走向哲學。

黑格爾的「藝術已死」概念，隨後產生許多爭議和難題。其中就以當代美學家丹托 (Arthur Danto, 1924–2013) 在一九八四年提出的「藝術終結」(the end of art) 最為著名。不過，丹托和黑格爾對藝術終結有著非常不同的看法，如果說黑格爾是將藝術視為一種「絕對精神」的辯證發展，那麼，丹托所提出的「藝術終結」，則是建立在對藝術語言的分析上，也就是說，對丹托來說，藝術歷史階段性發展的原因，是在於「語言共同體」(linguistic community) 於特定時間內使用藝術這個詞彙的情境。丹托對藝術的語言哲學進路，主要來自於維根斯坦 (Ludwig Wittgenstein, 1889–1951) 試圖用語言概念重新理解、定義藝術，所展開對藝

術的另一種完全不同的思考進路。維根斯坦將美的語言視為一種內在於文化的產物，「美」的意涵及屬性，只是語言規則使用上的約定俗成。我們接下來進入第二章，看看維根斯坦的分析美學。

　　但在進入到第二章之前，讓我們稍稍總結一下本章的重點。本章從柏拉圖和亞里斯多德美學出發，關注藝術的社會功能；這個關係進入到十八世紀近代經驗主義哲學和科學發展的脈絡下，轉變成一個更精緻的哲學問題：美如何既是主觀的個人知覺，又能達到客觀的普遍性？康德的「無涉利害的」美學和「社會普遍可傳達性的共通感」，提供了回答。其後，形式主義美學和二十世紀美國抽象繪畫理論片面發展了康德美學裡的「無涉利害性」概念，將之完全排除以知識／內容為基礎的審美經驗；而席勒到黑格爾美學則繼續發展「共通感」這個概念，把美置放在一個更大的社會與歷史脈絡下。有關藝術與社會之間的關係，我們在第五章會有更詳盡的討論。

第二章
美的語言和文化規則

——1——

維根斯坦的「語言遊戲」：美的語言學轉向

維根斯坦的語言學轉向

　　二十世紀初期的分析哲學 (analytic philosophy)，是針對「語句」(sentence) 與「命題」(proposition) 這兩個構成語言的基本單位，對語言進行分析。分析哲學最重要的創始哲學家維根斯坦 (Ludwig Wittgenstein, 1889–1951)，運用這種分析方法，認為哲學的任務就是要使思想清晰，並給予它們明確的界限。那麼維根斯坦又是如何界定美學的呢？維根斯坦在他的前期和後期思想，對美學的看法有很大的差異，我們分別來加以說明。

　　維根斯坦的前期思想——主要是《邏輯哲學論》(*Tractatus Logico-Philosophicus*, 1921) 這本著作——重點為邏輯原子論。這裡的原子 (atom) 指的不是物質的原子，而是「原子事實」(atomic fact)。什麼是「原子事實」呢？它是由原子命題 (atomic proposition) 所描述，具有真假值，例如「我在房子裡」的這個命題是真的，它就是描述一個事實。因此，維根斯坦說：「世界是事實的總和，而不是物的總和。」對早期維根斯坦來說，語言的作用就是描述或反映事實世界，語言就是世界的圖象，語言的結構也同時反映世界的結構。

　　既然維根斯坦認為，世界是由原子事實所構成，而原子事實是不能再進一步分析的基本事實，它們由原子命題所描述，而這些命題的真假取決於感官經驗，取決於它們是否正確地描述事實，那麼，對維根斯坦而言，世界被一分為二：一個是可被語言言說的世界，另一個則是不可言說的世界。可言說的世界，哲學

家可對此加以分析，它是與語言、命題、事實相關的事實世界；而無法用語言、命題、感官經驗加以驗證的世界，則是一個不可言說的神祕世界，人們只能對它保持沉默，像美學、倫理學和形上學討論的美、善等概念，無法用明確的方式界定其意義和界限，因此無法討論。所以，對早期維根斯坦來說，思想與不可思想的界限就是可言說和不可言說的界限。不過，儘管如此，維根斯坦並沒有要解消美學的相關問題，到了晚期，他運用語言分析來思考美學，而這個思考進路不但影響分析美學非常深遠，也對當代美學理論產生重要的影響力。

維根斯坦後期美學：語言遊戲與家族相似性

維根斯坦思想後期——主要是《哲學研究》(*Philosophical Investigations*, 1953) 這本著作——對於早期「不可說」的領域，不再採取消極態度，而是同樣也採取語言分析的方式：亦即，主張「語言的意義，內在於它們被使用的方式」，也就是說，一個詞的意義就是它在語言中的用法，來處理美學問題。然而，什麼是一個詞「在語言中的用法」呢？維根斯坦認為，要描述語言的用法，就要描述語言所在的文化或「生活形式」(form of life)。也就是說，美學問題從傳統的哲學思辨，轉變成：美學的各種概念是如何在日常生活用語裡被描述和運用。

我們可以再進一步說明維根斯坦所說的「生活形式」到底是什麼。這個「生活形式」被認為是語言的一般語境，也就是語言在這種語境範圍內才是有效或可理解的。因此，它被看成是風格、習慣、經驗與技能的綜合體。所以，人們所說的話是由他們所使用的語言來約定的，而這種約定是大家在生活形式上的協

定。換句話說，我們在語言的使用上具有一致性，我們才能進入到「語言遊戲」(language-game) 中，才能遵守共同的規則，相互交流和溝通；而既然語言活動是生活形式的一部分，語言的一致性最後取決於生活形式的一致性。在這個意義上，（審美的）語言與生活形式是一致的。

這裡還有一個重點就是，維根斯坦強調審美詞語在具體文化語境的運用，必須要能夠遵循規則 (rule-following)。如果學不會規則，就無法做出審美判斷。維根斯坦以裁縫為例，他說，一位裁縫師傅學會做衣服，其實就是學會了各種裁縫的規則。因此，學會音樂就好比學會裁縫，在各種規則的學習中，藝術家就獲得了愈來愈精細的判斷。所以，學習規則會改變我們的判斷：規則愈熟練，判斷就精細；藝術的問題也應當在藝術範例和規則中尋求和界定。藉由規則，維根斯坦的美學也就獲得了一種操作性的取向，這種取向，我們在分析美學後面的介紹會有更驚人的發展。

而維根斯坦對於這裡所說的「規則」，進一步用「遊戲」這個概念來說明。他用下棋當比喻：我們要先了解棋子有哪些、棋盤如何使用、下棋的規則和各棋子在下棋時的功能，才會玩這個遊戲；同樣地，語詞就像玩下棋，我們若要了解一個語詞的意義，就要了解該詞語所在的情境脈絡、使用的文法規則和在這個語言中的地位。因此，語言和遊戲的相似點在於，語言必須要在詞語所在的情境脈絡中才有意義，就像棋子也必須要在它的遊戲規則裡才會發生作用一樣。

維根斯坦用遊戲來比喻語言，同時也想凸顯語言的「相似關係的網絡」。這種錯綜複雜相互重疊、彼此交叉而相似的關係網絡，有時是整體上的相似，有時則是細節上的相似。這就好像遊

戲之間的關係一樣，不同的詞語作用不同，即使相近，如果被置放到不同的語境裡，就會產生不同的變化，語言的使用就是這樣的多樣、開放而難以全盤掌握。為了說明語言這種網絡的特性，維根斯坦又提出另一個更有趣的比喻：「家族相似性」(family resemblance) 來說明。他說，遊戲和遊戲之間所具有相似性，就好像同一家族的兩個成員之間的鼻子相似那樣，並不能依此推導出第三位家族成員鼻子也跟他們相像，第三位成員可能是眼睛和其中一位相似，而與另一位毫無相似之處。而現在維根斯坦說，我們關於美的詞彙，就像家族相似性一樣，我們無法找出對美的共同本質，但是，就像語言和遊戲一樣，我們能從美的各種語言的使用脈絡，找出一個類似「美」具有親緣關係的「相似性家族」。

維根斯坦對「美」的語言所進行的分析，就傳統美學來說，是非常激烈的。因為他將美的語言視為一種內在於文化的產物，「美」的意涵及屬性，只是語言規則使用上的約定俗成。換句話說，在對象物身上並不存在本體性的美學品質，有的只是進行判斷的詞語，並且是在文化既有的規則中，使用這個詞語。同時，將美的語言視為文化產物的看法，也暗示著以前的美學傳統透過對象引發的「美感狀態」來進行藝術定義的方式，不可能抓住藝術作品的本質，因為「什麼是美」本身就是一個隨生活方式變異的詞語。

維根斯坦後期的美學思想，把美的問題從一種明確的存有學地位（柏拉圖），或是一種審美知覺的知識論（休姆、康德）轉變成一種美學語言使用的生活形式或規則（遊戲、家族相似性），美變成語言怎麼使用的問題。這個轉變在維根斯坦之後的

哲學家魏茲 (Morris Weitz, 1916–1981) 手中更進一步指出：藝術是無法定義的。魏茲認為，古典的美學理論都從藝術的必要和充分條件去定義藝術的本質，然而，真正的藝術理論是無法這樣定義的，它僅是一個各種盤根錯節、綜橫交錯的相似點所組成的複雜大綱。由於當代藝術不斷的突破和創新，藝術理論也必須不斷修正，所以藝術也是一個無法定義的開放概念 (open concept)。這個轉變看似唐突，但是卻非常符合現代主義藝術之後的當代藝術表現（詳見第六章、第七章）。接著，我們將透過丹托 (Arthur Danto, 1924–2013) 的「藝術終結」和迪奇 (George Dickie, 1926–2020) 的「藝術體制」來詳加說明。

— 2 —

丹托的「藝術界」與「藝術終結」：為什麼洗衣粉盒可以是藝術作品？

我們在前面提到，維根斯坦的美學，藉由語言規則來說明語言的使用。對於這個語言規則，維根斯坦提出的語言遊戲或家族相似性，其實只是一種讓我們可以更好理解的比喻性說法，但對於美學或藝術的語言規則，實際上到底是什麼以及如何運作，維根斯坦則未加以說明。而這就是丹托和迪奇進一步要論述的重點。丹托和迪奇都不約而同分別提出「藝術界」和「藝術體制」這兩個有點類似的概念（丹托比較貼近藝術品的說明，迪奇則較帶有社會學的意味）繼續闡發藝術的語言規則。

丹托的「藝術界」(the artworld)

丹托「藝術界」這個概念來自於他在一九六四年於美國哲學

年會上所發表〈藝術界〉(The Artworld, 1964) 這篇著名的論文。在這篇論文裡，「藝術界」這個概念是如何被推導出來的呢？丹托首先反駁兩個最主要的傳統藝術觀念，一是模仿理論 (Imitation Theory，以下簡稱 IT)，二是真實理論 (Reality Theory，以下簡稱 RT)。

　　模仿理論從柏拉圖開始，就被當作是最具有說服力，也是最有挑戰性的藝術理論，因為它可以解釋藝術作品的因果關係與評價的標準。不過，在藝術發展的過程裡，隨著攝影技術的發明以及抽象繪畫的盛行，模仿理論漸漸無法再是一個有效的藝術理論。因此在 IT 之後，丹托又提出另一個理解藝術的「真實理論」。如果說，IT 要求的是，是否成功的「模仿了真實形式」，RT 所要求的則是，是否成功的「創造了新的形式」。這種真實性與模仿理論試圖完美的模仿形式一樣真實，藝術的目的不在幻覺，而在真實性。丹托認為，用「創造性」這個概念，RT 比 IT 的解釋效力更強，它不但可以涵蓋原本 IT 可以解釋的藝術作品，而且還能解釋 IT 所不能解釋的藝術例證。例如，後期印象派和野獸派以及抽象繪畫等作品，同時還能解釋那個時候佔據主流位置的普普藝術 (pop art)。丹托舉了三個例子來說明。

延伸知識

普普藝術 (pop art)

　　我們在上一章提到，受到康德美學影響的形式主義美學和美國抽象繪畫理論，其「無涉利害性」的美學觀，完全排除以內容為基礎的審美經驗，因為一旦涉入對象的主題內容或實用性，就脫離了對純粹形式的關注，不能算是純粹的審美態度。早期的普普藝術

家,例如,勞森伯格 (Robert Rauschenberg, 1925–2008)、瓊斯 (Jasper Johns, 1930–) 等人,便是要打破這種封閉的審美態度。這群普普藝術家逆向操作,運用我們日常生活裡似乎最不具美感價值、最不起眼的日常器物,像是食物瓶罐、家電、隨意撿拾的粗糙石頭、木材,甚至是被人丟棄的垃圾等這些「現實生活中的現實碎片」等日常現成物 (ready-made) 當作他們創作的題材。

其中最廣為人知的普普藝術家是安迪沃荷 (Andy Warhol, 1928–1987)。他的作品充滿大量無個性、無動於衷的商品(或明星、名人)的挪用、複製與並列,在這些作品中,藝術家的熱情與原創性被消解為大眾文化和日常生活的符號。不過諷刺的地方是,這些前所未有的藝術手法使藝術家本人在一九六〇年代也成為美國媒體和娛樂界所追逐的對象,成為第一個引起媒體和公眾關注的藝術家。

一是李奇登斯坦 (Roy Lichtenstein, 1923–1997) 對美國漫畫放大數倍的重繪。丹托認為李奇登斯坦的成功之處就在於「比例」,因為這是連當時的相機技術都無法捕捉的巨大比例,使得李奇登斯坦的作品非但不是對漫畫的模仿,反而成為新的實體;二是瓊斯一系列的數字繪畫。丹托認為一幅關於 "3" 的繪畫,不但與模仿無關(甚至還嘲諷了模仿),只是一個由顏料構成的 "3",因此反而具有一種不可模仿性。第三個例子,丹托舉了勞森伯格和歐登伯格 (Claes Oldenburg, 1929–) 都分別創作過的作品「床」來說明。這兩個作品乍看之下,都跟真實物的床沒什麼太大差異,於是,丹托從這個例子進而說明,兩個看起來幾乎一模一樣的東西,到底是什麼因素使得家裡的床只是物品,而美術館裡的「床」就變成了藝術?

正是從這個問題開始,丹托提出了兩個重要的關鍵因素,一

是作為某種氛圍的「藝術界」；二是作為授予藝術地位的「藝術理論」。也就是說，透過某種藝術語言上的「認定」，可以將藝術的名義授予給某物，而使得一個平凡物與美術館的藝術品有截然不同的區分；或者說，使得一個平凡物得以轉化成一個藝術品。因此，如果要確認是否為藝術品，不再是肉眼可觀察到的繪畫技巧，而是需要某種肉眼所不能察覺到的東西：看它是否有被歸屬在某種「藝術史的知識」以及「藝術理論的氛圍」中，形成一種可稱為「典範的藝術世界」，才可以有「辨識的標準」，去判斷該件物品是不是藝術品。

丹托後來在他的《平凡物的變形》(*The Transfiguration of the Commonplace*, 1981) 裡又提出了「感覺上不可分辨原則」(the method of indiscernibles)，來作為為何兩個表面上無法區分的東西，一個是日常物品，然而另一個卻是藝術品的標準。丹托在這本書裡，舉了安迪沃荷〈布里洛紙盒〉(*Brillo Box*, 1964) 這個著名的藝術作品來說明這個「感覺上不可分辨原則」。〈布里洛紙盒〉這個作品是把一個在超市就可以買到的洗衣粉品牌，做簡單的改裝，把原來的洗衣粉紙盒換成了木盒，兩者在外觀上幾乎無法分辨，拿到美術館展覽。丹托認為，阻止〈布里洛紙盒〉不再變回超市裡的一個平凡紙盒的正是「藝術理論」。藉由藝術理論的認定，授予〈布里洛紙盒〉成為一件藝術品。換句話說，問題完全不在於安迪沃荷的手工技術，而是在於這其中是否能生產一套有效嶄新的藝術論述，以鞏固該物成為藝術品的意義。

所以，丹托的「藝術界」概念說明了：當一個藝術作品與另一個日常物品在外觀上沒有任何差別，以至於我們再也無法用純粹視覺的感官經驗或事物所擁有的表象特質來判別「藝術」與

「非藝術」的時候,決定它們根本不同命運的,便是包覆在作品周遭的氛圍,也就是相關的藝術理論、藝術史等諸多脈絡。在這裡我們可以發現藝術理論與語言所扮演的關鍵性角色,亦即:唯有在藝術語言世界的疆域內,經由特定理論的支持,日常事物才可能成為藝術品。丹托藝術語言賦權的這個方向,雖然是為普普藝術背書,但是卻也預示了隨後觀念藝術的發展(詳見第六章)。在美國整個一九六〇年代的藝術發展氛圍裡,作品的界定愈來愈與物品的表象形式無關;相反地,關乎的重點是物品背後的理論、語言策略和姿態。至此以後,藝術理論、其他各種相關理論以及藝術史知識,已經逐漸構成能否成為或理解藝術作品的知識門檻。於是,下一個問題便是:如果藝術理論的重要性已經大大超越藝術知覺感受的重要性,我們何不直接擁抱藝術理論跟語言就好了?在這裡,藝術(作品)和哲學(理論)的關係到底是什麼?這便是丹托接下來要回答的問題。

丹托的藝術終結

相較於普普藝術具有刻意挪用流行文化符碼的媚俗性,觀念藝術 (conceptual art) 則更加仰賴知識背景的理解前提。就連丹托自己都說,「如果今天在沒有任何藝術理論被告知的情況下,觀眾(可能也包括丹托自己)可能完全沒有意識到他在藝術領域中。」看來一九六〇年代的藝術發展已經產生根源性的變化。丹托在他後來的《在藝術終結之後》(*After the End of Art: Contemporary Art and the Pale of History*, 1997),對這個藝術所發生的轉變有更明確的釐清。

丹托認為「藝術」在藝術史上,並非一個固定不變的概念;

我們今天所習以為常的「藝術」概念大約在文藝復興時期才逐漸
出現，這應該是藝術概念的第一次重大事件；到了二十世紀六〇
年代的藝術發展，藝術理論的重要性已經大大超越藝術知覺感受
的重要性，這意味著我們正向一千四百年前的「藝術概念」道別，
換句話說，藝術已經終結了。不過，這裡說的終結，並不是不會
再有藝術，而是某種對藝術的特定敘事已經走向終結，它正在被
另一套藝術實踐和詮釋結構所取代。走到終點的藝術敘事，指的
是作為再現視覺表象的傳統詮釋觀點；而新的藝術實踐與詮釋指
的是，當藝術理論已超越藝術知覺感受的重要性的時候，藝術擺
脫直觀與感官經驗，以哲學化（語言與理論界定）的方式走向純
知性的理論思維。於是，藝術變成了藝術哲學。丹托在這裡問說：
「哲學之後的藝術」是什麼？它還會是藝術作品嗎？

　　丹托認為，當藝術史走到自問「何謂藝術？」是一個階段的
完成。如果藝術還要往下走，那麼就必須把探問自身本原的問題
交付給哲學，然後開啟下一個階段。此「交付」即是哲學對藝術
的奪權 (disenfranchisement)，也就是說，把詰問「何謂藝術？」
的能力從藝術身上剝除。有趣的地方是，對丹托而言，這場哲學
對藝術的奪權，是對藝術的解放。因為自此之後（亦即一九七〇
年代以後）的藝術不會再有任何風格或定義上的問題或侷限，
Anything goes! 可以隨心所欲，毫無負擔的含括、拼組、挪用、
開發所有媒材形式，因為「何謂藝術？」的任務已交給哲學，藝
術不再需要自問任何有關「藝術是什麼」這樣的存有論問題。這
也表示，有關藝術的任何宏大敘事已經結束，藝術表現被展現為
一種百花齊放的「極端的多元主義」。丹托把一九六〇年代以後
的藝術發展，稱之為「後歷史時期」。在這個多元文化的藝術時

代中，藝術的本質被看作是一個對各種可能性開放的時代，沒有特定的藝術風格，只有對風格的拼貼與挪用。關於這個部分的討論，我們將會在本書的最後一章回到這個問題上。

— 3 —

迪奇的「藝術體制」：猩猩的畫可以是藝術作品嗎？

迪奇受到丹托「藝術界」概念的啟發和影響，試圖更進一步從體制層面來釐清當代藝術的轉變。迪奇在一九六九年便提出「藝術體制理論」(Institutional Theory of Art)，後來這個概念幾經批評和修改，直到一九九七年才完成最後的版本。在這過程中，迪奇不斷反覆思考同一個問題：藝術作品地位的形塑過程和它的體制性條件之間的相互關係。在他「藝術體制理論」的最後一個版本裡，迪奇問了一個有趣的例子：「猩猩所畫的圖算不算藝術作品？」如果這些圖畫被放在自然科學博物館裡，它們也許不會被當作是藝術作品，但是如果把它們放在美術館，就很有可能被當作是藝術作品。迪奇認為，造成這兩者差別的原因，取決於體制性背景，說的更深入一點，就是猩猩的畫若要成為藝術作品，必須要某位代表藝術世界的成員，賦予這些圖畫作為鑑賞的候選地位，例如有某位藝術界大咖為其作品背書，並將其作品放置在美術館展出。迪奇早期的「藝術體制理論」比較強調藝術家個人的藝術授予活動，愈到後面的版本就愈強調藝術場域內的文化資本與權力之間的分配關係。前後其論述的差別，從猩猩的畫這個例子就非常清楚：如果猩猩的畫真的被視為藝術作品，所仰賴的不是藝術家個人的意象和認定（猩猩不會認為自己是藝術家），仰賴的是整個藝術體制的運作。因此，猩猩能不能成為一

名藝術家，不是藝術家（猩猩）本人自己說了算，更重要的關鍵是藝術創作者、作品與藝術體制之間潛在的互動網絡。這也表示，藝術作品地位的裁決過程，也是在這個網絡中逐步形成的。換句話說，一個藝術作品的產生，必須要有能夠辨識藝術實踐成果價值的公眾（策展人、藝評家、觀眾），以及相應的藝術理論知識、評判系統才有可能成立。

因此，迪奇強調，一件藝術作品的形成，是同時具有意圖性和對象性的，也就是說要同時有藝術家個人的意圖，更不能忽略整個藝術體制的潛在運作。換句話說，一個藝術作品成立的必要條件在於如何能被公眾（由策展人、藝評家、美術館、觀眾等藝術體制）所接受。對迪奇而言，這表示藝術創作不再只是藝術家個人的寂寞獨白，而是一個完全訴諸公評的事。藝術家地位的被認可，他必須懂得使用藝術社群可以理解的語彙進行創作，藝術家的表達必須符合藝術世界既有的語言常規，其作品的呈現形式與媒介也必須遵循既有的慣習，否則藝術創作者的成果便無法進入藝術體制內部的話語系統，進而被經驗、批評和分享。迪奇提出五個相互支援的定義，來描述藝術體制運作的幾個基本環節：

1. 一件藝術作品是一個可以展示給藝術世界的觀眾而創作的人工製品。
2. 藝術家是一位能理解參與藝術作品製作的人。
3. 觀眾是一群在某種程度上已準備好理解某件展示給他們對象的人。
4. 藝術世界是所有藝術世界系統的總合體。
5. 藝術世界系統是一種展示藝術作品的框架，而此藝術作品則是由某位藝術家展示給某一藝術世界的觀眾。

　　如果從傳統哲學的定義來看，迪奇的這五點論述顯然犯了循環論證的錯誤，但是迪奇認為，在藝術脈絡裡的情況卻有所不同。迪奇藉由定義上的刻意循環，反而顯示出這些概念之間的相互依賴關係。迪奇的藝術體制的轉向，已經使得對當代藝術定義的討論，從傳統企圖尋找一個具普遍性的藝術定義朝向社會體制的非本質論立場靠攏，成為當代藝術思考的一個重要但也充滿爭議的方向。

　　我們來總結一下本章重點。分析美學從維根斯坦的「語言遊戲」和「家族相似性」概念開始，把美學的定義問題當作是美學語言與規則的運作。這個轉變在維根斯坦之後的魏茲，更進一步提出「藝術無本質論」。這個「藝術無本質論」，在之後的丹托和迪奇分別朝向不同但相關的方向發展：首先，丹托把焦點拉到具體的藝術史和藝術作品中，把維根斯坦美學所論述的語言和規則，用「藝術界」這個概念加以涵蓋，而「藝術界」指的就是藝術作品被歸屬在某種「藝術史的知識」以及「藝術理論的氛圍」中，以區辨藝術品和非藝術品之間的差異。而丹托這個「感覺上不可分辨原則」，進一步導致丹托所說的「藝術終結」，然而這個終結不是藝術本身的終結，而是某種傳統藝術論述的終結，隨著這個論述的終結，藝術不需再自問「什麼是藝術」這個哲學問題，有關藝術的各種宏大敘事已結束，藝術表現被展現為一種「極端的多元主義」；另一方面，迪奇則將丹托的「藝術界」繼續朝社會體制的方向發展，用藝術體制理論，強調藝術場域內潛在的話語系統。

　　分析美學的這個走向，對於熟知傳統美學理論的人來說，似乎顯得既陌生又唐突。因為傳統美學的基本元素：審美經驗、美

的形式與內容之爭已經變得不重要。但諷刺的是，如果我們現在走一趟當代藝術的展覽，就會發現，丹托和迪奇的「藝術終結」和「藝術體制」是如何生動地描述出這個年代的藝術特徵。（參見第六章的實例說明）

這兩章，我們藉由一些簡要的藝術相關概念和歷史回顧，可以整理出三個對藝術的看法：早期，尋求美的客觀本質，並且強調藝術的社會功能；文藝復興之後，追隨現代科學的發展，從個人知覺的直接性尋求知識判斷的基礎，使得對美的概念也回到個人知覺上，但是思考如何從個人知覺出發達到某種普遍性，是這個時期的哲學家對美學最主要的思考；到了二十世紀以後，美的知覺（審美知覺）陷入某種無法再進一步表述的困境，分析美學為了解決這個問題，將美的定義與本質問題，訴諸語言分析的方法論，將美的定義等同於美的語言使用及其文化脈絡。這個方向，則進一步導致理論性的語言直接取代對美的視覺經驗，使得傳統對藝術的論述走向終結。另一方面，分析美學也強調整個藝術體制對藝術產生的重要性。

如果分析美學後來的發展是訴諸於從藝術外部（藝術的語言使用和藝術體制）來思考藝術，那麼接下來，我們試圖再回到藝術內部，從藝術的三個元素：藝術家、藝術作品和觀眾之間的互動，來探索藝術的幾個重要概念。第三章，我們先討論藝術家和藝術作品之間的關係；第四章我們再討論觀眾與藝術家、藝術作品之間的關係。這兩章的內容架構，有若干部分是參考 Dabney Townsend 的《美學概論》(*An Introduction to Aesthetics*, 1997) 再加以發展、補充的。結束完這兩章之後，我們會再回過頭來，考慮我們該如何同時對藝術外部和內部的各種因素，進行對藝術的

多面向思考，而這個多面向的思考方式正是解讀當代藝術的重要契機。

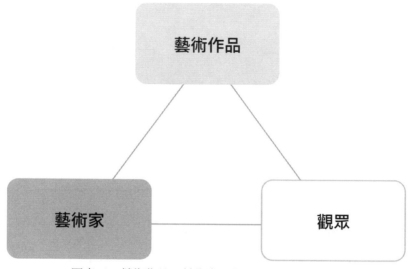

圖表三：藝術作品、藝術家和觀眾互動三角示意圖

第三章
藝術家與藝術作品

意向謬誤：瞭解藝術家的創作想法，很重要嗎？

我們在欣賞一件藝術作品的時候，如果它愈引起我們的好奇和注意，我們似乎就愈直覺性地想知道創作者創作的動機和想法，這就是創作者的意向 (intent)。如果是一個實用性的物品，我們不會想要去問製作者的動機，因為它的動機就是使用。但是，如果是一件非實用性的藝術品，我們就會好奇去問創作者創作的意向。因為我們通常會把創作者的動機意向，當作是我們對這件藝術品評價的一個重要指標。因此，創作者的創作意向通常都被認為是不可忽視的。

對於創作者意向的重視，背後往往隱含著一種溝通理論，亦即，藝術家和藝術作品之間是基於一種對溝通的欲求：美感對象的目的在於表現某種內涵，而我們瞭解這種內涵的方式，就是去探求該美感對象所傳達的內容為何，或者藝術家所企圖要溝通的東西究竟是什麼。這個溝通理論最大的長處在於，它可以輕易說明成功的藝術作品與失敗的藝術作品之間的差異點在哪裡：成功的藝術作品就是藝術家成功準確地傳達了自我意向，而失敗的藝術作品就是藝術家無法把他的意向精準傳達出來，自我意向在傳達和溝通方式上有落差，造成了作品的失敗。這個藝術溝通理論很容易理解，因為我們平常講話也會有類似的情況。總之，作者的意向提供一個理解藝術作品的途徑，它既讓我們可以明確說明藝術作品的成敗，同時也有助於解釋藝術的特殊重要性，因為和其他的溝通方式相比：它作為一個善於表達人的內在感受和意向的表現，是多麼容易打動人心。

延伸知識

托爾斯泰的「藝術傳達論」

　　最能表達這個藝術溝通理論的，就屬托爾斯泰 (L. N. Tolstoy, 1828–1910) 的「藝術傳達論」(art as communication) 了。托爾斯泰認為，藝術作品必須能夠清楚傳達，並且讓人能充分地感受到作者的情感，傳達並且經驗到相同的情感是文藝活動的基礎。他說：「藝術是一個人有意識的藉著某種外在符號，把他所經歷的情感傳達給其他人，使他們受到感染並且也經歷到這些情感的活動。」

　　托爾斯泰的這個定義，還包括三個重點：1. 藝術基本上就是有意識的傳達情感，而這裡的「傳達」不只是等於「表現」：「表現」是人釐清自己情感的活動，而「傳達」是為了使別人瞭解自己情感的活動；2. 它還強調藝術家在傳達情感之前，自己必須先親自經歷他想表達的情感。因此，藝術創作是一種受到內在情感滿溢，不得不發的表現活動，如果內心沒有情感就談不上傳達；3. 它特別強調文藝創作在情感上的感染性。也就是說，托爾斯泰同時強調藝術家如何將這股真誠的情感表現出來之後，觀眾是否也能身歷其境的受到同樣的情緒感染。如果是，那麼這就是藝術。因此，托爾斯泰也從「藝術是否具有感染性」(the infectiousness of art) 這個標準，作為真藝術和虛假藝術的區分。他進一步說明區分的四個條件：

1. 傳達情感的清楚性：必須使欣賞者很容易就感染到文藝創作者的情感。

2. 傳達的個別性：藉由藝術作品所感染的情感，不是一般性的概念，而是個人在特殊時空因為某一特殊事件而產生的一種生動感受。

3. 藝術家的誠心：藝術家需有深層的感動，不為名利外在因素，單純的只是受情感的驅使，本乎誠心而創作。藝術家在創作

藝術作品之先，內心感動愈大則感染力就愈強。

4. 藝術要能傳達宗教意識：所謂的宗教意識 (religious perception) 在這裡指的是某種能描寫中下層勞苦生活的普遍藝術或民間藝術的宗教情懷。

托爾斯泰的藝術傳達論也受到不少批評。其中最主要的批評是：有意識的傳達情感的活動，真的是藝術的必要條件嗎？藝術家在創作的時候，是否都預設著或想著他的觀眾？在我們上一章對迪奇「藝術體制」的討論之後，再來思考這個問題，就會變得很有趣。你的答案是什麼呢？

不過，藝術傳達論也遭遇到一些困難。例如，有些藝術作品是集體創作的結果，我們很難斷定誰才是真正的創作者，誰的意向才是重要的？以一部電影來說，我們通常會把電影導演視為是那部電影的「作者」。但是一部電影能夠成功，製片、攝影師、剪接師和後勤的行政支援，重要性可能和導演不相上下，因此當我們想要尋找導演在某部電影裡要傳達的意向時，就等於把該部電影的攝製認為是導演單一個人的意志可以決定，然而這是不可能的。

或者，讓我們試想另一種情況。如果某個作品的創作者已不在人世，或是根本找不到是誰創作的，我們是否就無法進行欣賞活動呢？答案似乎是否定的。假設我們現在發現了達文西一幅從未面世的作品，我們也無從得知創作者對這件作品的意向，然而，我們仍然可以欣賞這幅作品。這時，藝術欣賞的依據可能是作品本身帶來的視覺感受，也可能是觀眾參考達文西那個時代的文化背景脈絡與這幅畫作主題的聯結，依此來認識欣賞這個作品。事實上，這種依賴文化脈絡而進行的「意向」推論，已經跟

我們前面所說的作者「意向」有所不同，因為此時，我們所推想的對象不再是達文西內心的想法，而是他的作品與社會文化內涵之間的關聯。

　　因此從這個例子中我們會發現：有的時候，我們討論作者意向的看法，實際上是我們自己對這個作品的反應或推論的一種訴諸權威 (appeal to authority) 的掩飾。提出這個看法的美國當代美學家畢士利 (M. Beardsley, 1915–1985) 在一九四〇年代便主張，藝術家的意向是無關緊要的，甚至把這種藝術家的意向作為最主要評論依據的作法，稱之為「意向謬誤」(intentional fallacy)。不過這裡所說的「無關緊要」，倒也不是完全否認藝術意向的存在，而是認為如果藝術家的意向能在作品中順利表現出來，那麼作品必定也會如意向所引導的樣貌出現，而我們對作品的反應，也會在該作品的引導下，如預期般的出現。但如果藝術家的意向不成功，我們所面對的只剩作品本身，而我們對作品的反應，也同樣是在該作品的引導下發生的。那也就是說，不論哪一種情況，只要我們可以欣賞到作品，對作品的詮釋來說，藝術家的意向根本無足輕重。

　　其實，沒有人能夠抗拒創作者和作品之間有一種意向上的關聯。「意向謬誤」的重點是希望適時的把我們的注意力重心引導到作品本身，因為藝術家的意向絕不是這個作品的所有意義來源。當我們思考藝術家和藝術作品之間的關係時，意向只是一個值得考慮的面向，但是它無法用來解釋作品的全部意義。有關藝術家和藝術作品之間的關係，我們再繼續看下去。

技巧、靈感與天才：古希臘畫家的對決

技巧

　　藝術家和藝術作品之間，除上述的意向溝通的關係外，最常被提及的還有技術和靈感。我們先來看技術這個問題。技術在這裡指的是創作藝術品所需要的某種製作技能。我們前面已經透過藝術家的意向說明了：成功的藝術作品就是藝術家成功準確的傳達了自我意向，並將此情感傳達給觀眾，使其也受之感染。而藝術家在傳達自我意向的過程中，需要良好的藝術技能，才能夠將「意圖要做的事」和「真正完成的事」聯結起來。因此，好的藝術技能是藝術家完成藝術作品最重要的條件之一。也正是如此，在西方古典和中世紀的理論裡，並未特別對藝術家 (artists) 和藝匠 (artisans) 做嚴格的區分。

　　然而，在藝術家和藝術作品之間，技術到底扮演什麼樣的角色？技術的純熟，對於一個藝術作品來說到底有多重要？

　　首先，技術的重要性也許沒想像中那麼重要。例如：據說達文西在米蘭修道院的餐廳畫〈最後的晚餐〉(*The Last Supper*, 1494–1498) 時，他站在餐廳前的那面白牆構思許久，這個舉動無法被那間修道院的院長理解。但達文西回應他說，真正的繪畫活動是發生在想像作品的過程中，而畫作的執行只是想像之後才有的事。這個例子看起來，只把繪畫技巧當作是一個獨立於藝術活動之外的因素，只是想像力的完成而已。然而，藝術技巧當然沒那麼簡單，因為繪畫創作經驗和相關技巧，都需要耗費大量心力，不斷反覆練習才有可能。技巧需要在不斷的練習中內化、純

化，不是徒有想像力就可以。

　　另一方面，技術的重要性也有可能被神化。許多藝術家炫技的軼聞我們時有耳聞。例如：古希臘畫家宙克西斯 (Zeuxis) 和帕西奧斯 (Parrhasios) 著名的對決故事，宙克西斯畫的葡萄逼真到連小鳥都過來啄食。我們通常對這種擬真 (trompe l'oeil) 效果的作品讚賞有加，因為可以把三度空間的事物神乎其技的轉化成二度平面空間的繪畫，需要非常高超的繪畫技法。除了古代對擬真技法的推崇之外，現代繪畫裡的照相寫實主義 (photorealism) 畫家，以照片作為繪畫的參照，在畫布上客觀清晰地再現照片的手法，它所達到驚人的逼真程度，比起照相機所拍攝的照片，有過之而無不及。然而，這類的展現技巧的軼聞或畫派，往往彰顯的是畫家本人神乎其技的繪畫技巧，受到注目的不是藝術本身而是他們高超的技能。

延伸知識

宙克西斯與帕西奧斯的對決

　　據說，當時古希臘有兩位著名畫家的技法對決：宙克西斯和帕西奧斯比賽誰畫的逼真。一開始，宙克西斯畫的葡萄，描繪的極為逼真，把小鳥都吸引過來啄食；宙克西斯以為自己贏定了，便放心走到對手帕西奧斯那裡去瞧瞧，結果只看到一塊布蓋著，宙克西斯伸手去拉那塊布，想看帕西奧斯到底在搞什麼鬼。而這個時候，宙克西斯便知道自己已經輸了。因為那塊布是帕西奧斯畫的。宙克西斯承認自己技不如人，因為他的技法只騙過鳥的眼睛，可是帕西奧斯卻騙過了一個藝術家的眼睛。

　　綜合以上所述，藝術技能對於一個藝術作品來說，是一個必

須且經過長久時間反覆練習的技術；但另一方面，藝術家和藝術作品之間的關係，又不只是技巧的展示而已，兩者之間的關係似乎不只是創作者和創作能力之間的關係，應該還有其他更複雜的因素在其中。

靈感與天才

藝術家創作藝術作品，如果光是技巧還不足以成為一件藝術作品的話，那麼，訴諸於靈感，通常是另一種重要的看法。也就是說，「靈感說」(inspiration) 提供給藝術家一個管道，讓他可以跳脫技術的範疇，成為一個依賴靈感指導的獨特創造者。在這裡的關鍵字是「獨特」二字。我們在前一節曾提到，在西方古典和中世紀裡，並未特別對藝術家和藝匠做嚴格的區分。但是，這個情況到了文藝復興之後的十七、十八世紀開始發生改變，創作純藝術（例如繪畫、音樂、戲劇、雕刻、舞蹈等）的藝術家逐漸被賦予高於製作實用藝術（例如編織、製陶、園藝等）的技匠。純藝術在這個時期受到重視的原因雖然複雜，不過和我們前面提到的美感知覺有關：文藝復興之後，美學隨著現代科學的發展，從個人知覺的直接性尋求知識判斷的基礎，使得對美的概念也回到個人知覺上。在這種情況下，隨著當時西方中產階級的興起，為了滿足他們對藝術的大量需求，同時藝術也必須滿足他們的品味。中產階級為了凸顯他們的藝術品味，進而區分出不同的愉悅感（而且某些愉悅被認為高於其他的愉悅）。因此，當時的美學理論試圖說明人類具有一種不同於日常生活經驗和知覺的獨特美感。純藝術作為一種獨特知覺美感的對應物，因此被加以強調：單純的技巧只是一種實用技藝，純藝術的內涵更豐

富，因為它除了技藝以外，還包括某種內在的意義和價值。因此「靈感說」便成為藝術家創作具內在意義價值的創作來源。

　　另一方面，我們還可以從技藝的角度來看，為什麼「靈感」那麼重要。一個工匠知道自己製作的產品是什麼，於是透過訓練成熟的操作能力和適當的操作方法來完成產品。因此，技匠師傅就是一個知道依據何種方法來完成產品、達到目標的人。在這裡，方法和技巧展現了技藝的規則。我們上一節已經說明，藝術包含技巧，故需要規則，只要依循規則的操作程序便可以反覆製作相同的東西。但問題是，光有規則不能創造出新的藝術，只能不斷重複既有的東西。而靈感，便是藝術家受到某種感動和啟發後所創造出的結晶（藝術作品），是藝術家靈魂以其敏銳的能力傳達自己所感受到但自己也未必理解的東西，這個東西使得藝術家得以突破既有規則，並創造新的規則。

　　因此，在「靈感說」這個脈絡下，藝術家其實是居於媒介的位置，他的功能在於聯結某個原本無法被瞭解的觀念或情感，並用作品具體表現這個觀念或情感，使其成為人們可以瞭解的東西。這個時候，與其說藝術家創造了一件作品，還不如說他是創造那作品的媒介。這種作品和那些只靠規則和技藝製作出來的東西完全不同，它傳遞出的觀念和情感是狂迷深刻而強烈的，無法用任何規則來規範。因此，如果藝術的創造需要規則以外的東西，那麼這個規則以外的東西便是藝術家所提供的。所以，藝匠遵循規則，藝術家則是創造規則的人。後者在創作過程中發明創作規則，前者只是按照規則依樣畫葫蘆。而創造規則的藝術家就是康德所說的「天才」。「天才說」的好處，就是使藝術家在創作過程中取得一個非常特殊的重要性。

延伸知識

康德的藝術與天才理論

●康德的藝術理論

康德在《判斷力批判》第 43 節，提出他對藝術的看法。他認為，藝術活動是人類創造美的活動，藝術也是一種不同於其他活動的特殊活動。這種差異在於，首先，藝術不同於自然，藝術的產品不同於自然的產品。因為我們只能把以自由和理性為基礎的某種自在活動所進行的生產，才叫做藝術。康德舉蜂窩這個例子來說明這個差異：我們很喜歡把蜜蜂的勞動產品（也就是蜂窩）稱之為藝術作品，可是這兩者完全不同，因為蜜蜂的勞動只是出於本能，而不是建立在自己理性的基礎上。

其次，藝術也不同於科學，因為藝術是人的一種技能，一種實踐能力，而科學只是一種知識，一種理論能力。光有知識不一定能做，只有當人們有了知識，還需要一種技能把它做出來，這才算是藝術。因此，科學只是知，而藝術則是從知轉成能。

最後，藝術也不同於手工藝，前者是自由的藝術，後者只是掙錢的藝術。我們把藝術視為一種遊戲，是一種本身就令人感到愉快的活動；可是手工藝卻是一種勞動，它本身就是令人不愉快的事，只是它的效果（有報酬）有吸引力，所以它是具有強制性的不自由活動。在這裡，康德雖然強調藝術和手工藝的不同，不過他也提醒兩者之間仍有共同點，那就是強制性；也就是說，儘管是自由的藝術，仍需要有某種技巧、某種機械性的東西，在這點上，藝術和手工藝是相同的。

●康德的天才理論

康德在《判斷力批判》第 46–49 節提到，「美的藝術就是天才的藝術」。天才的藝術是什麼呢？康德說，天才是一種天生的心靈

稟賦，通過它，為藝術訂下規則。康德認為，藝術創造不能沒有規則，但是我們對藝術作品的美所下的判斷，又不能從以概念為基礎的規則引申而來，因此，美的藝術規則是無法藉由概念傳達的，不能由旁人先訂好公式，強加給藝術家。既然如此，藝術規則從何而來？康德認為，它只能是自然通過藝術家的天才，在作品上體現出來。也就是說，人們可以把天才的作品當作範本，從中領悟到規則，但這不能訂成公式去模仿，而是要藉此考驗和發揮自己的才能，進行新的創造。所以天才的作品不過是另一個天才的範本。是以，在康德的理論，天才是一種天賦才能，是藝術作品中具有典範意義的獨創性。

康德的天才理論有四個特點：1. 獨創性：天才是一種天賦才能，天才創作的作品不提供任何特定的規則，天才不是依照某種規則就可學會的技巧，因而是不可重複的。所以，康德把此特性當作是首要的特性；2. 典範性：雖然有的時候，獨創性具有某種胡鬧，但天才的獨創性還必須具有示範作用，因為他們不是藉由模仿而產生的，但卻是別人拿來仿效或成為評判規則的標準；3. 自然性：天才無法清楚的描述出他是如何創造出作品來的，他只知其然，不知其所以然，因此，這「無法之法」只是作為自然給藝術定規則；4. 不可模仿性：天才不是為科學而是為藝術定規則，而且只給美的藝術定規則。科學可以模仿，而天才不可模仿。

靈感的限制

訴諸天才理論的靈感說，最明顯的問題在於：這些藝術天才都「只知其然而不知其所以然」，也就是說，他們知道怎麼做，但是卻無法解釋他們的作為。如果無法解釋說明自己的作為，就某個重要的層面而言，我們可以說，其實他們不算知道。就像有

一個學生每天都到學校上學，沒有一天缺席，但卻說不出為什麼他要這麼做，只是日復一日的做這個行為，也無法對這個行為提出進一步的自我解釋，這樣我們就不能說：這個學生對他的行為具有一種理解，而這個理解要求具有合理說明的能力。回到天才的問題上，天才僅有創造出某一效果的能力，但卻對創造出的效果沒有說明和認識的能力，這樣，我們就不能完全解釋藝術家在創作時確實做了些什麼。這個理論所造成的後果可能是：藝術家在整個藝術創作過程中所扮演的角色，看似極為重要特殊，但是實際上他只是達成藝術目的的一種工具而已。

因此，將靈感說引進美學理論，產生了兩種相反的效果：第一種效果是，靈感是讓藝術家可以擁有高於藝匠地位的重要因素；但另一方面，它卻也降低了藝術家的重要性，因為他只是一個靈感溝通的工具和媒介。甚至，如果我們從更嚴格的知識構成條件來看，如果藝術家不需要（或沒有能力）知道自己所傳遞的是什麼，藝術家的地位甚至不如技匠，因為至少技匠憑藉的是某種專業技能，但藝術家憑藉的只是虛無飄渺的靈感。而這也是古希臘哲學家柏拉圖對詩人的批評。因此，靈感說與天才說的真正問題在於，它無法釐清究竟是「誰」透過了藝術傳遞了「什麼」。

延伸知識

柏拉圖的靈感說

柏拉圖在《伊安篇》(Ion) 裡，討論的主題是：詩歌的創作憑藉的到底是專門的技藝知識還是靈感？在這篇對話錄裡，蘇格拉底的對話人是伊安，他是一個職業吟詠詩人。對話內容是透過蘇格拉底對伊安的一連串提問，表達出柏拉圖對吟詠詩人及詩人的意見。

對話錄中，蘇格拉底以占卜、數學及醫術等例子，指出他們的知識是有普遍性的，因為醫生的醫學知識可以醫好張三，也同樣可以醫好李四。而吟詠詩人的知識如果也同樣具有普遍性，就應該既能吟詠、解讀荷馬的詩，也能吟詠、解讀其他人的詩。然而，伊安卻只能吟詠荷馬的詩。故此，蘇格拉底說，可見吟詠詩人之所以能夠吟詠詩歌，並非依靠他們的知識、技能，因為其中沒有普遍性存在。

如果詩人依靠的不是知識和技能，那麼他們依靠的是什麼？蘇格拉底進一步指出，詩人和吟詠詩人，憑藉的都是詩神的靈感，才能吟詩、解詩。因為他們都是依靠詩神的感召和驅遣，當中沒有技藝可言。蘇格拉底還以磁石為例：磁石能吸引鐵環，而吸力會傳至鐵環，讓鐵環吸引其他鐵環。這種關係，就像詩神、詩人、吟詠詩人，再到觀眾的傳導關係。詩神驅遣詩人，給予詩人靈感，使詩人得以賦出美好的詩篇，而詩人再感染給吟詠詩人，將由詩神那邊得到的靈感，傳給吟詠詩人。吟詠詩人在詩人的詩篇中，感受到詩神的靈感，再詠誦、解讀出來，把神的靈感傳給觀眾。所以，所有美好的詩篇，其真正的製作者不是荷馬一類的詩人，更不會是吟詠詩人或觀眾。詩的製造者，是真、善、美的神。神才是吸引力的來源，才是那塊磁石。而詩人則是被磁石吸引著的第一個鐵環。吟詠詩人是黏著詩人的鐵環的鐵環。再由吟詠詩人這個鐵環，把神的吸引力，傳至其他的鐵環——也就是觀眾。

藉由《伊安篇》對吟詠詩人的討論，柏拉圖表達了他對藝術的重要看法：詩人和吟詠詩人沒有專業技藝，也沒有知識，他們的技藝靠的只是詩神的靈感，而且就像我們在第一章已經說明的，詩人必須讓自己進入到一種如同神靈附體般的迷狂狀態，才能獲得靈感。因此，詩人藝術家不但沒有知識，而且還會有極強的藝術感染力，柏拉圖充分體認到這個非理性的迷狂對城邦的影響是負面的，難怪柏拉圖會極力主張，要把詩人趕出理想國了！

到底是「誰」透過藝術傳遞了「什麼」？古希臘時期的靈感說，受到古老宗教信仰的影響，是詩神的靈感透過詩人傳遞了某種宗教信念；文藝復興之後，是天才藝術家取代了詩神，傳遞了美的感受。儘管在不同時期，藝術家的任務略有所不同——古希臘時期的詩人僅僅只是詩神靈感的傳話筒和依循者，而康德美學裡的天才藝術家任務增強了，因為藉由靈感，他是規則的創造者——但是，無論哪一種情況，靈感說對於美感意義的來源，因為詩人和天才總是無法提出說明，因此還是充滿了若干不確定的神祕性。

— 3 —

創造力與原創性：如果世界上還有另一個《唐吉軻德》的作者？

創造性和原創性有什麼不同？

上述的靈感說雖然充滿了一些不確定的神祕性，但對於辨明技藝和藝術的差異，仍是一個具有啟發性的方向。如果藝術家的靈感，對於說明藝術家和藝術作品之間的關係顯得過於神祕，那麼，藝術家的創造性 (creativity) 和原創性 (originality) 則是另一個我們會想到的合理答案。因此，本節將針對創造性和原創性這兩個概念提出進一步的思考。

創造性和原創性這兩個概念看起來有點類似，但創造性關心的是某事物的創造方法，原創性指的則是創造出什麼樣的東西來。我們先來看創造性。

創造性可以有兩個面向。一是指新事物出現的源頭；是把重點放在生產過程所呈現出的內涵，因此它關切的不是從無到有，

而是相較於已製成或已知的東西而言，它有多新。這個新，代表著對舊事物的創新突破。事實上，認為藝術家要具有創造性是文藝復興之後的概念。古希臘時代主流的文藝理論是模仿論，它強調的是藝術作品和某個理型之間的相似接近度。理型才是真正原創的，藝術作品都只是對理型的模仿，因此藝術家的任務是盡可能製造和理型接近的作品，而不是自行添加新東西。因此，古希臘的藝術概念，比較接近創造性的第一個面向，亦即：把理型視為藝術作品的源頭；這個源頭只有一個，接下來藝術家的任務便是盡量接近這個源頭。

　　創造性的第二個面向，則是文藝復興之後的浪漫主義(Romanticism) 所發展出來的。文藝復興之後的藝術概念，認為所謂的創造性指的就是每次的藝術表達都是一種新奇的展現，因此藝術家是新觀念和新風格的來源。而創造性的價值就在於，促使藝術家以各種不同的表現形式來呈現經驗。對創造性的重視，跟近代哲學對個人知覺經驗的重視，有密切的關係。因為近代哲學不再把知覺單純視為只是複製所見到的外在景物，而藝術家的任務便是將經驗以某種特殊的形式表現出來，而這種形式如果具有創造性，便能賦予經驗新的形式，也為藝術開創新的可能。這也就是為什麼西方在十七、十八世紀對美學、藝術高度重視，因為具創造性的嶄新知覺經驗所開創的心靈境界，在藝術表達裡可以發揮到極致。每當藝術產生全新的表達風格時，我們不但擁有一種新的藝術表現形式，而且連帶影響我們觀看事物的方式。

　　在這個脈絡下，如果我們把創造性視為一種心靈表現的過程和觀念，那麼原創性代表的則比較是這個創作過程的物質面或是該物的製作史脈絡。不過，原創性不一定都是正面的，有些被創

造出來的東西可能更具破壞力（例如，原子彈），原創性也不能保證可以提供一個比過去更優越的知覺方式。所以，如果過度強調原創性，對藝術表現來說，可能有時引發的爭議比讚許還多。

藝術家和藝術作品的關係，真的那麼密切嗎？

在我們前面的分析裡，不論是靈感說、天才說，還是創造性的說法，都非常強調藝術家對藝術作品的優先性或主導性。的確，沒有藝術家就不會有藝術作品，藝術作品要依賴藝術家，而且藝術家幾乎控制整個創作活動的關係。但是，我們對藝術作品的認識和理解，並不一定非得透過藝術家的意向或追問其創作靈感或創造性的心靈為何。很多時候，藝術作品的意義並非全然取決於藝術家。我們可以用幾個例子來說明。

丹托在《一般物的變形》(*The Transfiguration of the Commonplace*, 1981) 裡，用阿根廷作家波赫士 (Jorge Luis Borges, 1899–1986) 一篇非常有名的短篇小說〈皮埃爾‧梅納爾，唐吉訶德的作者〉(Pierre Menard, Author of the *Quixote*, 1939) 當作例子，想要試圖說明藝術作品的意義並全然取決於藝術家。首先波赫士這篇小說的標題就饒富趣味，因為歷史上《唐吉軻德》的作者是塞萬提斯 (Cervantes)，並非梅納爾 (Pierre Menard)。波赫士的這篇小說的大意是，有一個新的小說家梅納爾在完全不知道塞萬提斯寫了一本《唐吉軻德》的情況下，寫了一本和《唐吉軻德》一字不差的小說。波赫士和丹托的用意是要說明，儘管這部新小說和原著文字完全相同，但這兩位作者在不同的時代，有不同的歷史脈絡和個人經驗，因此，儘管文字一模一樣，但新小說並不是原小說單純的副本。這是兩本不一樣的小說。丹托要強調的

是，每件藝術作品的意義是由其所處的整體歷史脈絡來界定的，而這個歷史脈絡本身也並非處於變動不居的狀態。因為儘管新小說和原小說一字不差，但是我們在閱讀新小說的意向對象卻會受原小說的存在而發生變化。這表示說，藝術作品的意義會隨其物質和歷史面向上的潛在因素而產生變動。因此，我們不能把藝術作品看作是某一個藝術家在某一個固定的歷史時空定點下，所創造的一個固定永恆、意義不會變動的對象。事實上，不論是藝術家或是任一個觀賞者的意向都不足以決定一件藝術作品的全部意義。

　　除了上述這個虛構的例子之外，在當代藝術裡，我們經常可以發現有不少作品把觀眾的參與（像是臺灣藝術家李明維一系列要求觀眾參與的作品）或是作品環境周遭的變化（像是美國一九七〇年代的「地景藝術」），當作作品完成的不可缺少要素。在觀眾參與或是環境變化的過程裡，雖然有某位藝術家在策劃運作，但是最後完成作品的意義已經不全然是藝術家內在心靈的創造力表現，而是透過和觀眾或大自然共同協作完成的作品。而觀眾的參與或是自然環境的變化都具有高度的偶發性，不在藝術家原先策劃的範圍內，因此，作品的意義也隨著這些偶發性具有不確定性。

延伸知識

什麼是「地景藝術」(Land art)？

　　地景藝術是美國一九六〇年代末開始發跡的一個藝術流派，它為了批判藝術體制和藝術商品化（尤其是畫廊和美術館權威）的剝削，而刻意選擇不會被商品化的地方作為他們創作的地點。於是這

些藝術家走進大自然，同時也喚起人們對生態環境的意識。他們的藝術創作與大自然結合，在不破壞大自然原本面貌的前提下，讓大眾反思到人和環境之間的關係張力，獲得與平常不同的藝術感受。

其中最著名的一個作品是史密遜 (Robert Smithson, 1938–1973) 的〈螺旋形的防波堤〉(*Spiral Jetty*, 1970)。這個作品位於美國猶他州鹽湖區，藝術家用石頭與結晶鹽，築出一道長一千五百英呎，寬十五英呎的漩渦狀堤面。這個作品充分表達出地景藝術的兩個核心觀念：拒絕藝術的商業化，以及對環境生態保護運動的支持，正視環境與人的關係。〈螺旋形的防波堤〉完成後，由於水位上升而浸沒在水面下，直到三十多年後，在二〇〇四年因為水旱而又重新「浮出」水面。他的作品與周圍所發生的環境變化正是地景藝術所關切的重點。

因此透過此章，我們解釋了藝術家雖然是藝術作品創作的核心，但是作品的意義卻不因此受限於藝術家的意向／靈感／創造性，我們在下一章還會看到，除了藝術家外，觀眾的介入對藝術作品的整體意義也扮演著重要的角色。

第四章
觀眾的重要性

我們在第二章曾經提到迪奇對藝術體制的看法。在他的看法裡，藝術需要藝術體制來決定，而藝術體制的組成，就是各種「觀眾」，其中包括策展人、藝評家等專業的觀眾和一般的觀眾。迪奇認為，成為一件被呈現給藝術世界公眾的事物，是成為一件藝術作品的必要條件。因此，藝術作品的接受面在當代藝術中扮演著一個決定性的重要角色。所以本章第一節要討論的便是：觀眾和藝術作品之間的關係為何？我們在前一章說過，藝術家創造藝術作品，但是藝術作品的意義並不是藝術家可以全部掌握的。既然如此，觀眾是否也能決定藝術作品的意義？如果可以，它是如何決定的？這個部分我們將分成參與美學下的觀眾、個人知覺的理想觀眾、藝術世界裡的觀眾，依序說明觀眾這個角色從古典到近代再到當代的三重變化。本章的第二節，則從另一個面向來討論：觀眾和藝術家之間的關係又為何？如果觀眾在某種程度可以參與、決定或形塑藝術作品的意義，那麼觀眾是否在某個意義下，也參與或形塑了藝術家的各種風貌？

— 1 —

觀眾與藝術作品：「觀眾」這個角色的三層演變

參與美學下的觀眾

我們在前面提到柏拉圖靈感說的時候，柏拉圖認為吟詠詩人憑藉的都是詩神的靈感和感召。而這種感召的感染力，柏拉圖用磁石為例：磁石能吸引鐵環，而吸力會傳至鐵環，讓鐵環吸引其他鐵環，這種關係的傳遞依序是：詩神→詩人→詠誦詩人→觀眾。在這個傳遞關係裡，觀眾透過詩歌詠誦（或者舞蹈、戲劇等），在一個集體的活動中，跟其他群眾共同分享這種藝術的感染力，

而且這個感染力的最終來源並不是藝術家，因為藝術家僅是一個傳遞的媒介，分受某種宗教神明（詩神）信仰的感召或感動。在這個過程裡，藝術的重要性在於使觀眾和一個更大的力量（神明）產生連結，而且這個連結不是個別性的，而是透過一個集體的集會和儀式，和其他觀眾共同受到感召。因此作為個別觀眾的意義在於，能夠跟其他同時在場的觀眾，一同參與到這個更大群體的參與性。

　　這種參與美學下的觀眾理論，觀眾參與藝術活動帶有一種社會教化的意涵，在這裡不需要過於嚴肅的理性和邏輯（而這正是柏拉圖反對詩人的地方），而需要直接感受某種宗教的敬畏和感動。所以，這種觀眾理論的目標是，當觀眾和藝術產生接觸關係時，它的目的並不是停留在個別觀眾的個人愉悅上，而是一種可以超越個體的更大感動，因此當下被感動的受眾，是處在一種近乎狂喜的狀態（詩人也是）。所以這個理論的特點是，它敏銳地看出：藝術具有一種強大的連結能力，因此也對觀眾產生強大的感染力，這個感染力的來源不是來自於個體的愉悅，而是一個更大的集體力量。這個觀察也弔詭說明了，為什麼會有藝術的檢查制度以及政治家總想要拿藝術當作宣傳工具，因為如果藝術不能對觀眾產生任何巨大的影響力，這些政治的檢查和宣傳也會徒勞無功。

個人知覺的理想觀眾

　　近代美學脫離古典模式，開始依循科學的腳步，想從個人知覺經驗找到知識的立基點。科學實驗必須反覆同樣的操作，並得出相同的結果才能算是科學，而在這個過程裡，必須要有一個中

立的觀察者在不受各種因素的干擾下，得到與先前實驗相同的資訊，進而證實實驗的結果。而近代的美學理論也受此影響，並認為觀眾欣賞藝術作品的方式皆受到某種知覺態度所左右，而且在各種知覺態度裡，強調觀賞者和藝術作品之間應該保持一種無涉利害 (disinterested) 的關係。在這個關係裡，觀眾被界定為是一個理想觀眾 (ideal audience)，也就是說，無涉利害的觀眾不會受到某種心理因素或動機的影響，而產生對某特定作品或事物的偏好。例如，我因為肚子餓，所以對食物主題的作品有特別偏好；或是我失戀了，所以對感傷的題材特別讚許。也就是說，理想觀眾要排除影響作品欣賞的個人因素，但也必須維持從個人知覺經驗出發的個體性。因此，理想上這樣的理想觀眾既不會像在參與美學下的觀眾那樣失去個體性，但也仍保持個人知覺判斷的基礎。

那麼，更進一步來說，這種無涉「利害」到底是什麼意思呢？首先，什麼是「利害」關係呢？例如，我用功讀書是為了以後可以功成名就、光宗耀祖、服務他人等等，不管後面的理由是出於個人的、自私的，還是出自無私的大愛，只要是為了某個目的，這就是「利害」。而無涉利害就是指，我用功讀書，純粹只是因為在讀書的經驗中，我感到無比的喜悅，不為任何的動機目的，我讀書的目的就是為了喜歡讀書。同樣的，近代美學（特別是康德）所說的無涉利害的美感經驗，也是如此：我欣賞一幅畫，不是因為它價錢高、有名聲，所以我盤算著買下它，為了以後可以賺幾倍；也不是因為課本有提到這幅畫或考試會考；甚至也不是因為這幅畫讓我勾起懷舊或思鄉的感傷，而是這幅畫不涉及任何欲望的滿足，純粹從這幅畫得到的一種凝視默察的美感知覺經驗。因此，純粹的喜悅不涉及任何欲望的滿足，也不涉及

對象的佔取，甚至讓我喜悅的對象也不必然得真實存在。例如我想吃冰淇淋，那麼滿足這個欲望的方式就是讓我吃到冰淇淋（佔據冰淇淋）。假如我今天走在路上看到一隻美麗的蜻蜓從我眼前飛過，霎那間我感到牠真美，這個感受是我今天最愉快的知覺經驗；但後來我才被提醒，我剛才看的蜻蜓其實是我看錯了，牠只是隨風飄來的一頁紙的碎片或是某個光影的錯覺。儘管如此，就算我對蜻蜓的知覺是某種幻覺，但是這個知覺本身卻是真實的。

因此，無涉利害是一種當下直接感受到的知覺經驗，先於任何概念，除了自身別無目的。為了不讓這種無涉利害的美感經驗過於抽象或虛渺，後續的心理學家進而發展出一些可依循的心理學原則，來說明這個美感態度是可能的。

第一個無涉利害的心理態度是「心理距離」（psychical distance），它是二十世紀初由布洛（Edward Bullough, 1880–1934）提出的。這裡所說的「距離」並非物理距離或歷史距離，而是一種和美感對象保持距離的心理態度。布洛用了一個很有名的例子來說明：當我們在海上航行遇到迷霧的時候，如果我們採取務實的態度，就會擔心它對船隻可能帶來的危險，而且它引發的溼氣也會讓我們的身體感到不舒服；但另一方面，我們的知覺也因為迷霧這個不尋常的景象，提高我們對外在知覺的敏感和感受度，而創造出一種奇幻的景象世界。在這個特殊的情境下，我們反而可以擺脫日常的反應和經驗，無涉利害地感受並欣賞這個超離凡俗的經驗。布洛的這個例子似乎有點說服力，因為我們的確需要在某種特殊的情境底下，才會產生接近這種無涉利害的經驗。

第二個無涉利害的心理態度是知覺的觀看角度。這也是運用心理學上一個著名的知覺例子：鴨兔錯覺（rabbit-duck illusion）。

在著名的〈鴨與兔〉(*Rabbit and Duck*, 1892) 這個圖裡面，人所知覺到的內容取決於觀察的角度：你可以從這個角度看到鴨子，也可以從另一個角度看到兔子；類似的心理學圖例很多，你可以從這個角度看到兩個人的側臉，你也可以從另一個角度看到一只花瓶。這表示知覺不只是觀看而已，它還包括把某物看成某東西的能力。而且這種變換的知覺角度是我們觀看者可以自主決定的。因此，我們也可以用這種知覺轉換的方式，來說明日常的知覺經驗和具美感的知覺經驗之間的關係。這個心理學上的態度，說明了：1. 美感知覺並不是如我們想像的那麼遙遠，只要我們從一般知覺轉換另一種觀看角度，就可能得到美感知覺；2. 這種特殊、無涉利害的美感知覺，是需要經過知覺上的長久訓練和習慣，才有可能出現。也就是說，雖然鴨兔圖裡的鴨或是兔的圖案，我們可以隨意在知覺上轉換，但有一些更為複雜的知覺圖案，就沒有那麼容易立刻做出視覺上的轉換，例如另外一幅也是非常著名的錯覺圖〈少女和老婦〉(*My Wife and My Mother-in-Law*, 1915) 中，有些人只看到少女，一直無法看到老婦人。直到突然察覺到某些線條改變所造成整體圖案的變化時，才看到老婦人。這也就是說，美感知覺的出現就像這個對老婦人的知覺一樣，需要一些更為複雜的知覺轉變過程，才有辦法轉化我們的經驗。

總之，這種個人知覺的理想觀眾和參與美學下的觀眾有很大的不同。個人知覺的理想觀眾和藝術作品之間的關係是個人的，不是集體的；但雖然是個人式的知覺態度，不過這種知覺態度一直關心的問題是：如何從個人知覺出發達到一種無涉利害的美感經驗？而要求這種特殊的無涉利害的美感經驗，實際上要問的是如何可以達到一種主觀的普遍性。如果還記得我們在第一章對康

德美學的討論裡所說的，康德認定，每個人都有共同的心理認識功能，都有一種「共同感覺力」，因而都能在某種條件下產生和感覺到這種心理認識功能，因此具有普遍的社會可傳達性。而康德所說的「某種條件」，我們可以說就是這裡提到的「心理距離」或是「知覺的觀看角度」。然而，康德所說的「具有普遍的社會可傳達性」，當代藝術理論卻產生不少質疑。讓我們繼續往下看。

藝術世界裡的觀眾

當代藝術理論對康德的「具有普遍的社會可傳達性」，產生質疑的原因在於，對無涉利害所產生的一種主觀的普遍性，究竟如何可能？康德認為，每個人儘管在品味上有不同的差異，但都具有一種「共同感覺力」，可以在無涉利害的條件下，產生這種心理認識功能。但問題是，要達到這個理想是有困難的。以上述「知覺的觀看角度」來說，許多觀看者對於類似的圖案，往往過於慣常從某一種方式觀看，而看不到另一種角度。事實上，作為觀看者的我們，總是受到各種不同因素的影響，像是性別、種族、文化、宗教信仰、習慣等，影響我們慣於或不慣於做某種知覺上的切換。因此，幾乎沒有一種知覺可以完全保持無涉利害、不受外在因素影響，所以，美感知覺具有普遍性的要求假定不但有困難，而且與我們實際的知覺狀況並不符合。

既然，「個人知覺的理想觀眾」在實際上不可行，我們要如何再重新思考觀眾和藝術作品之間的關係呢？前面我們已經提到迪奇的「藝術體制」，而這個概念可以讓我們再進一步分析觀眾和藝術作品的關係。

首先，讓我們設想坐在黑暗電影院觀看電影的觀眾和在家裡

用電腦觀看 YouTube 影片的觀眾。這兩種觀眾所在的環境大不相同：電影院是一個集體觀看的場所，我必須和一群完全不認識的陌生人各自買票入座，並肩觀看著前面的大型螢幕，而當其中一段我分心或是起身去上廁所，我不可能說：先暫停一下，往前倒帶；同時，電影院的影片畫質較好，在幽黑的環境裡可以較專注投入的觀賞，不容易分心。如果用家裡的電腦觀看某段某人自製的影片，情況完全不同：我在一個較私密的空間獨自或與我認識的人一起觀看，影片可以隨時中斷，也可以任意分段慢慢看；在觀看這段影片的時候，我也可能同時分心做別的事，像寫報告、跟朋友在網路社群裡聊天等等。而這兩種截然不同的觀看環境，分別由各種不同的軟硬體所構成，例如，在電影院的觀看，必須預設整組電影拍攝團隊、可放映電影的院線等各種複雜的條件；在家裡電腦螢幕的觀看也不簡單，必須要有電腦和網路的設備支援等等。而這就是每種觀看模式背後的「藝術體制」。當藝術家在進行藝術創作的時候，這個藝術體制就成為他們創作的潛規則。因此，在藝術體制的意義下，潛在觀眾（的觀看模式）創造了作品，而因應各種藝術機制所創作出來的藝術作品也必須滿足潛在觀眾的觀看需求。這兩者（觀眾和藝術作品）形成一種相互關係，而這種相互關係透過各種藝術體制構成了整個藝術世界。

這個藝術世界裡的觀眾，不再是獨自觀賞、用美感知覺回應藝術作品的那些人，而是藝術作品創作所設想的一個潛在集體。但這個集體性又和參與美學下的觀眾很不一樣，雖然兩者都不強調觀眾個體的美感知覺，但是參與美學下的觀眾，所連結的是一個更大的集體力量；而藝術世界裡的觀眾，他的觀看模式和喜好，

就是藝術創作的主要目標。

　　不過，這種藝術體制裡觀眾和藝術作品互動的模式，也引發不少爭議。其中最大的爭議就是，藝術創作容易變成只討好觀眾的主流模式，藝術創作變得商業化。此外，這裡的藝術世界和藝術體制是由已經成功的藝術家和主流的觀眾所共同創造出來的，因為它只考慮既有體制下已經成功、成為主流的藝術體制，進而維護了既有藝術世界裡的各種權力關係。因此，對於觀眾和藝術作品之間，我們是否還有其他更具有開放性關係的解釋呢？

　　關於這個問題，當代詮釋學 (Hermeneutics) 對這個問題的討論，提供我們另一個思考的方向。在這裡我們以德國詮釋學家高達美 (Hans-Georg Gadamer, 1900–2002) 的看法來加以說明。

— 2 —

當代詮釋學：觀眾和藝術作品的開放性關係

　　高達美對藝術的討論，源自於對康德美學的批判。高達美把康德美學稱之為「美感意識」(aesthetic consciousness)，認為現代美學就是根據「美感意識」建立起來的。高達美認為，人跟藝術品之間的關係是疏離的，因為人在經驗藝術作品的時候必須無涉各種利害關係，這使得這個審美主體只是一個與歷史和文化脈絡無關的空洞主體；而他經驗到的美感對象，也只有形式所提供的感性愉悅。因此，在感受這個美感形式的時候，欣賞者僅是一個完全孤立、只關連到形式的感受，缺乏對這些感受的具體內容；因此他也不會在這個過程裡，對自己有更深入的瞭解。高達美對此提出質疑：在藝術經驗中，難道沒有對真理的要求嗎？藝術經驗不是一種獨特的認識方式嗎？高達美認為，藝術也是一種

認識和真理，只是這種真理和自然科學的真理有所不同。

　　由於美感與世界中的其他事物沒有關連，因此它沒有自己的地位；另一方面，藝術家也不與別人、別的事物有關（因為無涉利害），他只是一個有某種特殊感受的人，他在世界中也沒有獨特的功能，因此欣賞者的地位也難以被決定。可是高達美認為，這樣的美感意識，其實違背了我們平常對藝術品的經驗。我們在經驗一個藝術品的時候，不是只有感受，我們也同時經驗到與它相關的世界。例如，我們今天去參觀一座古希臘神廟，它不僅引起我們的感性的形式，而是喚起一個整體且與它相關的世界，像是當時的祭典儀式、參與的人和各種我們對古希臘的知識和興趣。所以，藝術品雖然是一個放在那裡的東西，但我們經驗到卻是與藝術品同時呈現的世界。而當我們藉著當時的世界去瞭解藝術品時，我們所經驗到的也就不只是藝術品的形式，而是它顯示出來的意義和知識。因此，藝術品告訴我們的，不是它的形式，而是知識或真理。

　　另一方面，當藝術作品帶領我們到達它的世界時，它同時也讓我們瞭解自己。於是，我們透過藝術作品，不僅瞭解藝術作品所呈顯出來的世界，也瞭解自己的世界，讓自己平庸的生活世界獲得翻新的機會。所以，瞭解藝術不是瞭解一個與我毫不相干的世界、對象或知識，它同時指出了我們目前的無知和有限。於此，高達美進一步提出「視域融合」(fusion of horizons) 這個概念，亦即，也許一開始，文本（藝術品）作者的世界和我作為一個欣賞者的世界可能有極大的差距，但是在我理解這個藝術品的過程中，我等於把藝術文本的世界（視界）和我的世界（視界）交織融合在一起，達到一個新的世界（視界）。而這個新的世界（視

界）會繼續作為我下一個理解的原初世界（前理解），不斷產生我對世界的新理解。而這就是高達美所說的「詮釋學的循環」(hermeneutic circle)。在這個循環理解的過程裡，藝術品的意義不再是固定不變的，它會隨著欣賞者的不斷理解，而被置於一個流動發展的關聯裡。因此，對高達美而言，對藝術作品的理解就是欣賞者和藝術作品之間的不斷對話，在這個對話過程中，對藝術品和對自身新的理解會不斷湧現。

因此，在瞭解藝術作品時，不是我向藝術品提出問題，要它給出答案，因為如果是這樣，只是我改變了藝術品的意義，沒有讓它改變我目前的意義或知識；而是反過來，是藝術作品向我提出問題，要我重新反省我自己和我有限的知識，要我回答它對我的詢問。我與藝術作品的關係便是在這種不斷提問，反省自己、瞭解自己，而我也在其中得以瞭解它的過程中發生進行。

然而，藝術作品怎麼會向我提出問題呢？高達美在這裡指出，那是因為藝術作品的存在方式是遊戲。高達美這裡所說的遊戲，和維根斯坦所說的遊戲很不一樣，高達美的遊戲指的不是語言概念的比喻，而是指在遊戲裡，玩遊戲的人和遊戲之間的關係，很像觀眾和藝術作品之間的關係：在遊戲中，玩遊戲的人總是認真、全神貫注、忘我的完全投入在遊戲中，因此，我們可以說，在遊戲中，遊戲者的意識不會凸顯出來，支配主導整個遊戲的過程和目的；遊戲本身才是遊戲的動力和目的，是整個遊戲的主宰者。例如，我們專心投入某個打怪的線上遊戲，我們必須配合遊戲的基本規則走，不是遊戲者的個人意志可以完全主導，我們必須適當的投入、忘我、被遊戲牽著走，我們才會覺得這個遊戲好玩，進而渾然忘我、廢寢忘食。因此高達美說，是遊戲在玩

我，不是我在玩遊戲。而玩家的任務，是讓遊戲呈現出來或表演出來，讓遊戲能演出它自己：藉著人的參與，遊戲演出了它自己。

觀眾在參與一件藝術作品的時候，就像玩家和遊戲之間那種全神貫注投入的情況一樣，被藝術作品所展現出來的世界帶著走。不過，人玩的遊戲與藝術作品表現出來的遊戲特質，有一個很大的不同，那就是在人玩的遊戲中，遊戲者自我封閉在遊戲的世界裡，他是為他自己的角色而玩，不是為別人而玩的。但是，藝術品的遊戲不是封閉在它自己的世界中，正如在舞臺上的戲劇，雖然它在舞臺上自成一個世界，但這個世界是向觀眾演出的。同樣的，藝術品的遊戲也是呈現出一個世界：一幅畫的世界，但它卻是向觀眾開放、向觀眾演出的。由於藝術作品的遊戲是向觀眾演出的，它關連於觀眾，所以它的意義是與觀眾的觀看相關的。作品的意義要在遊戲中與觀眾的欣賞相遇，完成在觀眾與它的遊戲裡。

所以，經由以上的分析，高達美的藝術哲學是由反對康德的美感意識開始，進而強調藝術品顯示出來的真理。不過，這個真理不是由理性推論而得，而是在遊戲中領悟的。

— 3 —

觀眾與藝術家：是慰藉、是威脅還是共謀關係？

我們在上一節已經說明，在整個藝術活動裡，觀眾並不是一個旁觀者的被動角色，在某種程度上，觀眾和藝術作品的存在意義是關係密切的，藝術作品需要觀眾加以詮釋，觀眾也在藝術作品的欣賞過程中，重新發現自己的侷限與不足，而開啟一個新的世界。那麼在這一節，我們可以繼續追問：當我們要說明藝術作

品的創造和詮釋的時候，還有一個環節也不能忽略，那就是：觀眾和藝術家之間的關係是什麼？觀眾是藝術家創造而來的，抑或是，是觀眾創造了藝術家呢？

如果藝術家和觀眾可以溝通⋯⋯

　　說到觀眾和藝術家的關係，會讓我們想起前面曾經提到的托爾斯泰的藝術傳達論，強調觀眾和藝術家之間的理解和溝通。托爾斯泰認為，藝術作品必須能夠清楚傳達，讓欣賞者充分感受到作者的情感，並且經驗到相同的情感。這也就是說，一個好的藝術作品的充分條件是，創作者和觀眾之間必須有一個彼此共享的語言，以進行溝通和理解：創作者（說話者）努力想達成溝通，而觀眾（聽者）也能夠理解說話者的說話內容。所以，溝通能夠有效，預設了一個共通語言和可以相互理解的連結關係。不過，我們可以再進一步追問：這裡所說的「共通語言」，指的是什麼？

　　什麼是藝術家和觀眾之間的「共通語言」呢？舉個例子來說，假設我喜歡愛倫坡 (Edgar Allan Poe, 1809–1849) 的恐怖推理小說。儘管小說裡提到許多當時十九世紀的場景和器物，那些時空背景對當代的亞洲讀者來說，也許顯得很陌生，但是這股陌生感，並不會阻礙我對愛倫坡小說的理解和閱讀。一部十九世紀的小說，並不是只有在那個時空下的讀者才能理解，我和十九世紀的讀者共同分享著某種語言文字上的獨特美感知覺，在這個過程中，我是作者所形塑出來的那個觀眾。不過，儘管如此，這種共同理解的深度，也絕不是在某種文化真空狀態下所創造出來的文化產物，它還是建立在某些共通的傳統、期待和語言上。因此，如果愛倫坡有某篇推理小說，其破案的關鍵和小說進行的脈絡都

圍繞在當時十九世紀的某個特殊器物，而這個器物現在已經完全銷聲匿跡，只有骨董店老闆才會知道的奇物，那麼這就非常有可能會影響我對這部作品的理解。

但另一方面，藝術家和觀眾之間這種共通的傳統、期待和語言，也會帶來某種負面的影響力。例如，當時德國的著名演員兼導演萊芬斯坦 (Leni Riefenstahl, 1902-2003) 曾幫助希特勒的納粹政權拍攝〈意志的勝利〉(*Triumph of the Will*, 1935) 這部大型紀錄片，引起很大的爭議。因為在這部紀錄片裡，希特勒透過導演的視角和詮釋被描述為是德國的救世主，片中有大量德國民眾、青少年在街道、政黨大會崇拜、歡呼希特勒的畫面。這部紀錄片所呈現出來的強烈視覺效果，如果是在一個封閉的時空背景下，很容易使觀看者的反應受到某種操控，而陷入一種對極權或偶像崇拜的危險中。這個因為藝術所造成的負面集體操控效果，也正是古希臘柏拉圖當時對雅典城邦的隱憂，而要把詩人趕出理想國的原因。

最後，有關藝術家和觀眾之間這種共通的傳統、期待和語言，還必須再考慮時間因素對這層理解所造成的影響。例如，日本當紅的推理小說家東野圭吾 (Keigo Higashino, 1958-)，在一九九五年曾經出版一本討論核電廢存的推理小說《天空之蜂》(*The Big Bee*, 1995)，過了十六年後日本發生三一一強震，進而導致福島第一核電廠的核電危機；後來這部小說在二〇一四年翻拍成電影，電影裡的若干情節甚至參考三一一地震的福島第一核電廠的危機事件。在這個例子裡，我們會發現一些有趣的現象，由同一個小說文本會衍生不同的讀者與小說家之間的共通語言關係：在日本三一一地震前閱讀《天空之蜂》的讀者、三一一地震

後閱讀《天空之蜂》的讀者、看了小說又再去看〈天空之蜂〉電影的讀者、先看了〈天空之蜂〉電影再去看小說的讀者等等。而後面這三種讀者，是作者在當時寫作時不會設想到的讀者。因此，當我們在考慮觀眾和藝術家的關係時，還必須考慮到這層關係隨著時間和脈絡的轉移，所可能產生的改變。

如果藝術家和觀眾不溝通……

　　觀眾和藝術家的關係，我們前面提到的是觀眾和藝術家之間所共享的語言，並且可以在這個共通的基礎下，進行各種溝通和理解。不過，如果當藝術家刻意不跟觀眾進行溝通的時候呢？例如，二十世紀初期的達達藝術 (Dadaism)，對現代文明感到灰心失望，反對當時中產階級僵化的價值觀以及對第一次世界大戰的各種不滿與抗議，當時的藝術家拒絕任何約定俗成的藝術標準，他們的行動準則是破壞一切既定價值和反藝術。在這種情況下，藝術家不接受任何既定的和諧期待與美學價值，藝術家是一個社會的孤立者。類似這樣的前衛藝術家 (avant-garde artists)，他們在意的，與其說是和觀眾的溝通，還不如說是製造對觀眾的驚嚇。因為前衛藝術家並不積極期盼與大眾分享共通的訊息和理解，相反的，他們要打破的是這種既有、慣常的溝通。這種藝術特性，反而形成另一種藝術家和觀眾之間的關係，因為這樣的藝術可以吸引到一群小眾粉絲的追隨。另一方面，前衛藝術家對社會的敏銳觀察，也同時開啟了二十世紀以來，對於藝術與社會關係的重新思考。有關這個問題，我們留待下一章再繼續討論。如果再回到藝術家和觀眾之間的關係，前衛藝術家如果刻意不跟觀眾進行溝通，讓我們思考的是：藝術家雖然和觀眾之間的關係密

切，但是藝術家的任務並不僅止於滿足觀眾。觀眾也許期待從藝術家那裡得到靈感和心靈上的溝通，但是，觀眾欣賞到的作品，可能讓他們心生陶醉，也有可能令他們反胃不已。因為藝術家並不受限於文化規範的限制。藝術對觀眾而言既是慰藉，也可能是威脅。

觀眾與藝術家之間的「非美學」關係：贊助關係
●早期的贊助者：教會、國王或貴族

如果我們要瞭解觀眾和藝術家之間的關係，除了從藝術作品與美感知覺的角度討論之外，還有一個很重要的角度也不能忽略，那就是觀眾對藝術家的「贊助」(patronage) 活動。這個非美感元素雖不是美學上的，但卻是建立觀眾和藝術家之間最主要的關係。在早期西方，像文藝復興時期，藝術作品的產生多半是因為藝術家接受贊助者的委託而進行創作，贊助者作為出錢的「觀眾」通常是教皇或是國王貴族。贊助者為藝術的展現設定條件（例如完成的期限），然後出資贊助讓作品得以問世。通常贊助者不控制整個藝術創作的過程，藝術家完成的作品有的時候超出贊助者原有的期待，但也有讓贊助者失望的作品。

在西方藝術歷史中，從中世紀初期，教會便開始積極提倡藝術，將此視為傳遞教會信念和強化教會的一種手段。文藝復興之後，各國君主贊助藝術、委派藝術家創作，也是類似的動機：宣傳國威、顯示財富並展示皇權的正當性。而從藝術家的角度來說，教會或是君主的贊助活動，不但提供了經濟來源，也是獲得觀眾的一種保證。因此，藝術家和贊助者（觀眾）之間的關係往往是互利的，而藝術家在這種關係中通常也獲得充分的自由，得

以發揮。

而另一方面，由藝術家組成的行會和技藝公會也扮演一個關鍵性的角色，例如，當藝術家被贊助者侷限住而無法突破時，行會或公會可以提供抗衡的力量以保護藝術家；但行會和技藝公會也必須在平常發揮管控和維護團體紀律的作用。因此，藝術家必須同時獲得藝術同儕和贊助者的認同，才有辦法生存。這個時候的行會和技藝公會其實就像迪奇所說的藝術機制，在這個機制運作裡，藝術家的身分得以被認可和授權。

● 新的贊助者：中產階級的崛起

不過，隨著歷史的發展，新的經濟力量興起之後，新的贊助來源也產生了。例如，十七、十八世紀中產階級開始取得經濟實力後，他們也逐漸變成贊助藝術家的另一個重要來源。而這個時期的贊助者正經歷著從農業轉變到工業、從鄉村到都市、從教會勢力轉變到世俗國家的時代變動，這些中產階級對經濟的自信也包括著對個人品味的信心，這使得藝術家和贊助者（觀眾）之間的關係有了新的變化。因為藝術家個人的美感品味也被強調，藝術家愈來愈被看作是各自獨立的個體，藝術家是孤立、自主的形象慢慢從這個時候形成；而這樣的藝術家形象也使觀眾有了相對應的界定，亦即：觀眾的美感經驗被認為是私密而非公共的，美感經驗的真實性來自於觀眾和藝術家之間直接感通，而不是共享一個更大的宗教力量。

另一方面，當贊助者主要是中產階級時，藝術家的贊助不再來自於一個群體（教會、皇室）而是個人的直接支持，藝術家實際上變成了贊助者個人意志的延伸，而在這種新的發展方向下，藝術家轉變成為一個銷售產品的自由企業家，以獲取他們的贊助

支持。當藝術家以自由交易者的身分在社會／藝術市場中出現，藝術家的成敗便取決於大眾的需求。藝術家就像銷售產品的企業家，而觀眾就像消費大眾。而這個藝術家（企業家）與觀眾（消費者）關係的重大改變，也呼應著我們前面提到的十八世紀美學強調個人品味和個人美感知覺時代的來臨。於是，藝術家的自主性和觀眾品味的直接、不可糾正性，使得藝術家和觀眾之間具有某種張力：是從誰的立場、角度主導兩邊的關係？是觀眾還是藝術家？有時候觀眾（贊助者／消費者）具有主導權，有時候是藝術家。兩者之間主導權的決定，隱然形成一種競逐關係。

並且，為因應社會不同觀眾的美學品味，不但藝術和技藝區分開來，成為所謂的「純藝術」(fine art)，純藝術和大眾藝術之間的分野也開始出現。這兩種不同藝術的區分取決於觀眾的性情和品味。心思細膩的觀眾，喜愛詩作勝過通俗小說，喜歡嚴肅的戲劇而非滑稽喜劇，某些藝術種類被視為 "fine"（精純的、高尚的、有教養的），因為它們能吸引某一群特定觀眾，而這群觀眾可以從他們的經濟能力和社會地位被辨識出來。所以，近代哲學對個人感受與美學品味的強調，與藝術家和觀眾之間依經濟因素而重新界定彼此關係的現象，是緊密相關的。而這個發展的結果，導致的就是美學的兩極化：一邊是中產階級不斷凸顯個人細緻獨特的美感經驗，以便可以區分另一邊：平庸俗氣的大眾流行文化趣味。有關於大眾流行文化的問題，我們還會在下一章遇到。

如果我們從贊助活動這個角度，再進一步去思考像是風格和品味這些有關美感的核心概念時，我們還會發現一些有趣的面向。例如，「風格」(style) 通常是指像是線條、形狀和顏色等交

織而成的再現特質，這個特質可能是藝術家個人或是某個藝術風潮的特質。不過，當我們從贊助活動去看待藝術風格的時候，就會發現，風格這件事不只代表著作品或藝術家的一種個人特質，它還代表著：藝術家必須用此滿足贊助者的需求，而且在滿足的同時，還必須留有藝術家的個人標記。因此，透過贊助活動，藝術家的「風格」不再是個人的事，還包括藝術家如何透過精湛的繪畫技巧與觀眾（贊助者）產生聯繫的方式。

另一方面，品味也是類似的情況。十八世紀開始重視個人美感知覺，而這種知覺是個人的、私密的獨特感受，沒有對錯，也無法描述。然而，透過贊助活動下的藝術情境，贊助者的品味（也是藝術家的品味）透過藝術家的作品被呈現在公眾面前。因此，品味判斷也不是一個孤立絕緣、毫無脈絡的美感知覺，它也因應各種時空背景脈絡下的環境而做改變。例如，西方十八世紀讀者對小說的喜好，這種品味不是憑空而來，而是因為當時大量鄉村人口流動到都市後，他們工廠下班或周末用來填補、打發時間，所促成的風潮。

所以，當我們注意歷史條件下（像是贊助活動）所形成的美學理論，會幫助我們以更具體的方式，瞭解到第二章迪奇所說的藝術機制的運作是怎麼一回事。相對於對美感知覺的抽象分析，藉由特定歷史情境中的藝術家和觀眾所建構出來的藝術世界，提供我們一個不同的思考方向。在這個思考方向中，我們可以清楚瞭解，究竟是什麼因素使得某一個東西被認定為是藝術或具有美感價值；同時也瞭解到，觀眾和藝術家是處在一個不斷轉化、變動的關係下，而相應的藝術理論也隨著歷史的脈動發展，不封閉在一個絕對的定點上。因此，我們應該對藝術作品、藝術家和觀

眾這三者之間關係，保持各種開放多元的態度，我們的藝術活動才會持續豐富而充滿樂趣。

　　接下來的一章，我們將進一步釐清：藝術和社會之間的關係。這個問題在古希臘哲學家柏拉圖和亞里斯多德那裡就非常被關注，而兩人的觀點也有很大的差異。到了十七、十八世紀，美學議題被限縮在個人知覺的無利害關係上，使得藝術和社會之間的關係產生了某種斷裂。對這個斷裂的焦慮和解決之道，也反映在席勒和黑格爾的美學思考上，亦即，試圖把美學和藝術置放在人性整全和自由這個更大的社會脈絡下。而這條思考路線，在黑格爾之後的社會主義和馬克思主義美學，又有更進一步的發展。在下一章，我們將從這個不同的藝術觀點繼續探索，藝術對人的整合性和人的自由究竟有何影響，以及藝術與社會之間的關係到底又是什麼。

第五章

美不美沒關係：
如何用藝術的角度
思考社會？

在古希臘時期，藝術和社會的關聯非常緊密，不論是柏拉圖憂心藝術對城邦人民的負面影響，或是亞里斯多德的藝術淨化論，藝術都有其重要的社會功能。但是十八世紀以後，當美學逐漸發展成一個獨立的學科後，藝術逐漸和實用的價值區分開，把藝術的範圍限縮在「美術」(fine art) 上，藝術和社會的關係開始發生很大的變化：藝術追求的是無利害、非實用、非社會關係的單純美感價值。然而，馬克思主義 (Marxism) 卻強烈批判這個非實用性的美學觀點，因為，馬克思主義認為，這個美學觀點非但不具普遍性，而且它只是有產階級在啟蒙運動取得經濟權力和社會資源後，為了讓自己和市儈的商人形象有所區分，所採取的一種文化包裝和文化策略。這種美學觀點，對當代藝術又產生什麼巨大的影響呢？

因此本章，我們將依序討論三個重點：一、十八、十九世紀的思想家如何把康德美學轉為「為藝術而藝術」(l'art pour l'art/ Art for art's sake) 的唯美主義口號，以及這個口號背後蘊含著什麼樣的社會階級議題？二、幾乎與此同時，法國社會主義者聖西門的「為社會而藝術」的理論背景，以及其後馬克思所提出的藝術觀點可能隱含的危險；三、進一步說明，二次世界大戰後，繼承馬克思觀點的法蘭克福學派，提出「藝術自律的社會意涵」，如何重新改造古典馬克思的美學觀。法蘭克福學派的觀點讓我們進一步去思考：藝術對人的整合性和人的自由之間的緊密關聯，以及深化藝術與社會之間的關係。讓我們開始吧！

— 1 —

「為藝術而藝術」：藝術無關乎道德

從柏拉圖的美到康德的美

我們在第一章曾提到柏拉圖對美的看法。柏拉圖認為，我們對美的認識需逐步攀升，從具體日常生活可見的事物之美，逐漸鍛鍊心智到無法用肉眼可見的抽象理型美本身。這個追求美的階梯和過程很重要，藉由這個階梯，具體事務的美和理型美之間具有一種內在的聯繫，這種聯繫讓美引導我們去發展與外在事物更深的相遇，且加深我們與他人在道德上的聯繫。柏拉圖對美的這個看法非常有趣，因為我們通常很容易會把美聯結到「不食人間煙火」、「脫俗」等辭彙，認定美是一種純粹、孤絕、超脫、不沾惹世間事物的概念；但是柏拉圖對美的看法並不全然是如此：美不是孤絕的，它要求我們在這個世界裡，與各種人事物的接觸與互動中發現美，然後再一步步晉升到美本身（美的理型）。在這個晉升的過程中，愛的欲望也扮演一個重要的角色，因為愛的欲望預設著愛與被愛的雙方，要求與他人發生深刻互動。所以對柏拉圖來說，美不是一個孤獨的沉思，美是藉由與他人互動產生愛的欲望，而逐步朝向美本身的過程。這個對美的古典看法跟十八世紀康德以後的美學，顯得非常不同。

康德對美的分析，要排除的卻是各種欲望和利害。康德認定的美，是無利害關係的 (disinterested)，是一種純然的淡漠無私，不涉及任何利害關係的自由。可見康德的美和柏拉圖對美的看法有非常大的不同，康德的美（不是崇高）排除了道德的善，柏拉圖的美和道德的善是連結在一起的。不過，康德美學這種不涉及

任何內容，僅是一種形式上的審美目的性，一方面強調：美的對象並不對外指涉某種（社會的、實用的）目的，對象本身就是它自身的目的（無目的的目的性）；但另一方面，雖然康德對美的分析排除了與道德、實用有關的對象，但是康德隨後對崇高的分析，卻又把理性、道德和人的主體性關聯在一起：崇高是人的理性突破限制的道德表達，最後凸顯的是主體的理性和道德。然而，十九世紀法國和英國的文學家和藝術家，僅單方面的延伸發展了康德對美的分析，把康德這種只具形式上目的性的美，逐漸轉變成「為藝術而藝術」的口號以及唯美主義那種「美學至上主義」的觀念。

從康德的美到王爾德的美

「為藝術而藝術」這個口號是法國十八世紀的政治學家貢斯當 (Benjamin Constant, 1767–1830) 提出的。他的日記提到，「為藝術而藝術，無目的性；因為任何目的都是對藝術的濫用。藝術具有一種無目的的目的性。」而真正在學院將此思想傳播開來的是庫贊 (Victor Cousin, 1792–1867)。庫贊早年去德國求學，返回法國後，二十三歲就擔任索邦學院的哲學系主任。他授課的口碑甚佳，從一八一六年起，庫贊開始講授康德哲學和美學思想。在一八一八年的第二十二個講座中，他使用了「為藝術而藝術」的短句，他說：「藝術不再服務於宗教和道德，正如它不服務於快感與實用性一樣。藝術不是手段，它本身就是目的。」、「為宗教而宗教，為道德而道德，為藝術而藝術」。

延伸知識

「為藝術而藝術」的歷史背景

當時的德國美學傳入法國，有其歷史背景。那時的法國文藝評論家史達爾夫人 (Madame de Staël, 1766–1817) 因反對拿破崙政權而被法國政府流放，來到德國。在這裡她結識了歌德與席勒等人。德國美學的文藝觀點正與她的理念相近，但因為不能返回法國，史達爾夫人只得在離法國相對較近的瑞士西部小城科佩 (Coppet) 居住，把德國美學以及康德、席勒等人介紹給法國讀者。她的劃時代的著作《論德國》(*Germany*) 於一八一三年完成，這本書詳細介紹了德國古典美學以及浪漫派藝術。而「為藝術而藝術」這個口號第一次的提出，則是當時與她相近的政治學家貢斯當。

到了一八三〇年代，「為藝術而藝術」開始與美的概念進一步連結，衍生出唯美主義。一八三二年法國詩人戈蒂耶(Théophile Gautier, 1811–1872) 就說「一件東西一旦成了有用的東西，它立刻就成為不美的東西」、「只有毫無用處的東西才是真正美的，一切有用的東西都是醜的，一間房子裡最有用的地方是廁所。」這使得藝術成了避免與實際生活脈絡發生任何關聯，僅是追求美的事物。於是藝術必須脫離生活現實，追求美的獨立自主性。

法國的唯美主義在十九世紀傳到英國和美國，把唯美主義繼續推上另一個高峰。唯美主義的作家和藝術家認為：藝術的使命在於為人類提供感官上的愉悅，而非傳遞某種道德的情感，藝術與道德之間沒有關聯。藝術不應具有任何說教的因素，而是追求單純的美感。這種把藝術與道德、社會、生活刻意隔離開來的美學疏離主義，最後很容易成為耽溺於美的純粹官能的唯美主義。其中最著名的唯美主義思想家就是王爾德 (Oscar Wilde, 1854–

1900)。他認為美是最高的官能：「美的感知與其他官能分離且在它們之上，與理性分離而有更為顯著的重要性。」而且美也跟道德無關：「沒有藝術家有道德同情，道德同情是一種不可饒恕的矯飾主義風格。」所以他下了一個斷語：「所有藝術都非常無用」。

我們會發現，王爾德的這個看法已經跟康德美學有一個本質上的跳躍。雖然康德在《判斷力批判》指出，美不涉及任何內容，僅是一種形式上的審美目的性，但是他的目的是要將美的感知讓渡給崇高的道德主體性，換言之，康德的美感判斷是為了要朝向更高的理性和道德主體。但是，這個追求美的形式性經過一世紀的發展，王爾德已經將美不涉及內容的意思，推向「美學至上主義」，也就是說，一個事物的美、對一種顏色的感知，比起對事情對錯的感知，還要來得重要。

延伸知識

王爾德是誰？

他是愛爾蘭的著名作家、詩人、戲劇家和童話家，十九世紀唯美運動和頹廢派運動的先驅；為人熟知的童話故事《快樂王子》(*The Happy Prince*, 1888) 是他的代表作。一八九五年曾因同性戀行為被指控，最後被判有罪入獄。王爾德的審判是英國司法史上最引人注目的案件之一，也是同志平權運動史上被常引用案件。另一方面，王爾德時常奇裝異服、標新立異的古怪個人風格和口才，也成了「敢曝」(Camp) 美學的重要代表人物。

「敢曝」字面上的意思是指，「以誇張的方式展現」、「豪華鋪張的、誇張的、裝模作樣的、戲劇化的、不真實的」，它可溯源到十六世紀的矯飾主義，其特徵是脫離早期文藝復興的和諧之美，

強調構思的複雜，重視技巧層面，到了十九世紀，「敢曝」成為唯美主義的一大特點，強調頹廢及感官上的愉悅。作為一個美學名詞，「敢曝」從二十世紀六〇年代逐漸為人所知，它也是流行文化用來對抗學院艱澀美學理論的一個策略；在八〇年代，「敢曝」因為後現代主義的興盛，而成為一種另類美學。因為這個詞帶有某種扮裝政治和文化抵抗的意味，它也常常成為同志文化美學的一部分。

「為藝術而藝術」：中產階級的一個文化策略

在這裡，我們要提出一個具關鍵性的思考：為什麼十九世紀歐洲的藝術家，特別強調發展康德這種「無目的的目的性」的美？我們可以從當時的社會階級變化來思考這個問題。

讓我們先回到「美學」這個詞開始的兩個重要事件。一個是我們在前面提到，鮑嘉頓 (Alexander Gottlieb Baumgarten) 在一七五〇年首創「美學」這個詞，把美定義為感官所認識到的對象，而這個感官所認識到的對象其實指的是美的對象。另一個重要的事件是，一七四六年法國哲學家巴托 (Charles Batteux, 1713–1780) 在《將純藝術縮小至單一原則》(*The Fine Arts Reduced to a Single Principle*, 1746) 這本書裡，把藝術（beaux-arts/"fine" arts/「美」術）正式定義為純觀賞性的藝術，並且把「美術」的數目限制為繪畫、雕刻、音樂、詩歌、舞蹈、建築與雄辯等七種，排除了陶藝、裁縫等實用性質的工藝，而開啟了藝術會通過自身的目的得到實現或沉思，不需要參考實際的目的或用途的概念。從此之後，欣賞藝術是需要品味和沉思的。這種觀點對於十八世紀世俗化的歐洲啟蒙精神而言，是一種新的觀念。

為什麼十八、十九世紀的歐洲需要產生這個新的美學觀點？英國學者哈靈頓 (A. Harrington) 在他的《藝術與社會理論：美學裡的社會學爭論》(*Art and Social Theory: Sociological Arguments in Aesthetics*, 2004) 一書中認為，因為藝術自主性這個觀點是當時歐洲中產階級休閒生活的一個特有產物。以法國為例，歐洲傳統貴族在法國大革命後逐漸式微，真正得利的是在啟蒙運動和科學革命背景下壯大的中產階級。他們取得經濟權力和社會資源後，為了抹去精打細算的中產階級市儈形象 (philistines)，他們需要一種新的文化包裝，讓自己和俗氣的商人形象有所區隔。而他們採取的文化策略是表現出對財產實用性的漠不關心，誇耀一種無功利色彩的生活品味。當時的流行時尚是收集和鑑賞各種裝飾性的古玩物品，像花瓶、地毯、銀器等；這些中產階級商人的妻子，也是商人／丈夫用來展示誇耀財富的一種方式，她們的衣著必須顯露出一種無需為生活所苦的繁複、無用與不便，對文藝活動的喜好。因此，對非實用物品的鑑賞氣質正是從這些逐漸壯大的商業階層成員的鑑賞文化中興起的。

但這種中產階級的文化策略，在當時很快便受到批評和攻擊，而這些攻擊來自不同的面向。首先是這些中產階級在思想與行為間的矛盾：他們一方面相信自己忠於為藝術而藝術的無實用功利色彩的生活品味，但另一方面他們又會在劇院表演的空檔，繼續洽談生意、促成買賣。於是這些無實用的美學反倒變成包裝他們市儈、淺薄心態的裝飾物。因此，在這個脈絡下，當時的古典主義批評家，像是尼扎 (Désiré Nisard, 1806–1888) 便批評「為藝術而藝術」的作品浮誇、淺陋、墮落、缺乏學術深度、毫無品味，只是以數量代替質量，是「工業化」的文學。另外，像早期

的波特萊爾也從道德的角度，對「為藝術而藝術」持否定的態度。波特萊爾認為「為藝術而藝術」的作品排除了道德和激情，是違背了人的天性，因為它將「人的完整性潰散了」，只單獨發展一種官能，終將萎縮以至於虛無。在這裡，不論是尼扎把唯美主義藝術稱為是「工業化」的文學，或是波特萊爾認為「為藝術而藝術」的作品將導致「人的完整性潰散」這些觀點，似乎都與馬克思對資本主義社會的觀察和批判有著相似的看法。接下來，讓我們來看社會主義／馬克思的美學觀點。

— 2 —

「為社會而藝術」：藝術如何介入社會

「為社會而藝術」這個概念最早是由法國聖西門 (Comte de Saint-Simon, 1760–1825) 的烏托邦社會主義 (utopian socialism) 所演變而來。非常湊巧的，這也正是法國提出「為藝術而藝術」主張的那個時期。可見這兩個概念在當時針鋒相對的程度。「為社會而藝術」和前衛 (avant-garde) 藝術的起源也息息相關，「前衛」這個軍事術語，第一次拿來當作討論藝術的文件，始於一八二五年一位聖西門主義者羅德里格斯 (Olinde Rordigues, 1795–1851)，他在〈藝術家、學者與工業家〉(L'artiste, le savant et l'industriel: Dialogue, 1825) 裡提到：「讓我們團結起來，為了達到我們的一個共同目標，每一個單獨的任務將分別落在我們每一個人身上。正是我們藝術家將充當你們的前衛者：因為實際上藝術的力量最為直接迅速，每當我們希望在人群中傳播新思想時，我們就用大理石和畫布……用這種方式，我們的影響力將無往不勝。」而聖西門自己也使用軍事術語來描述藝術家承擔社會

使用的理想：「在這偉大的事業中，藝術家們，那些想像的人，將開始進軍……」透過上述這兩段引文可以得知，他們之所以用軍事術語來描述藝術，顯然是希望藝術被賦予社會使命，希望可以透過藝術產生的影響力促進社會團結，並要求藝術可以積極介入社會，強調藝術作為社會改革表現的「為社會而藝術」。很顯然，與「為藝術而藝術」的中產階級路線相對比，當時這條「為社會而藝術」的路線開啟的是另一條批判中產階級的社會主義路線，強調藝術需要重新整合到生活實踐的力量。而馬克思對資本主義社會的批判也是在這個社會背景下產生的。

馬克思 (Karl Marx, 1818–1883) 對資本主義社會的批判，我們可以從兩個部分來說明：一是馬克思認為資本主義社會到底出了什麼問題？二是在這個批判裡，藝術扮演什麼角色？

對於第一個問題，馬克思認為，資本主義社會的問題在於：資產階級擁有生產工具，而無產階級除了擁有自己的勞動力以外，不擁有任何其他東西。在資本家與工人的僱傭關係中，工人沒有獲取自己勞動應得的價值；相反的，工人創造的價值成了資本家的利潤。工人創造了產品卻不能擁有產品，這是勞動與產品的異化；工人在市場上出賣他們的勞動時，他們本身也成了商品，這是人性的異化。因此，資本主義社會所造成的雙重異化，馬克思主張必須透過社會革命加以推翻。

至於第二個問題，由於馬克思和恩格斯 (Friedrich Engels, 1820–1895) 這兩位理論創始人，其實對藝術並沒有太濃厚的興趣，因此有關藝術和社會之間的關係，只留下一些零星片斷的見解。他們的基本看法是，文學、藝術、宗教、哲學等思想皆是意識形態（上層結構），而它們皆是被經濟結構和發展（下層

結構）所決定。由於馬克思專注的重點是經濟結構，並非藝術理論，然而這種過於簡化而單向的經濟決定論，卻對藝術造成非常嚴重的影響。因為在這個脈絡下，經濟結構和政治考量凌駕一切，結果藝術淪為政治的工具和附庸。一旦藝術成為政治需要的工具後，它就不可避免的物化為政治的傳聲筒和宣傳，反而喪失了原本期待藝術對社會產生影響力的初衷。

上述兩節，我們已經簡要討論了「為藝術而藝術」和「為社會而藝術」這兩個概念的基本背景和問題。從這兩節，我們看到了「為藝術而藝術」可能遭遇到的商品化危機，還有「為社會而藝術」可能遭逢的政治化危險。接下來，我們來看看法蘭克福學派在二次大戰後，如何重新改造古典馬克思的美學觀，並進一步探討藝術對人的整合性和人的自由之間的緊密關聯，並深化藝術與社會之間的關係。

— 3 —

法蘭克福學派的美學理論：「藝術自律性」和「藝術社會性」如何共存？

傳統馬克思主義和法蘭克福學派的關係

我們在前面已經說明了：古典的馬克思主義認為，文學、藝術、宗教、哲學等思想皆是意識形態（上層結構），是被經濟結構與發展（下層結構）所決定。不過這種過於簡化的經濟決定論，其實恩格斯也有所察覺，所以他後來修正理論，認為意識形態其實也會反作用 (react) 於經濟因素，也就是說，上層結構（文藝）和下層結構（經濟結構）之間是會互相影響的。恩格斯這種反經濟主義以及強調文化也會對經濟造成影響的看法，預示了日

後西方馬克思主義的法蘭克福學派的發展方向。

西方馬克思主義 (Western Marxism) 和傳統馬克思主義最大的差異就是，前者非常強調文藝對社會的影響力。自從第一次世界大戰後，社會主義革命在西方世界的挫敗以及後來史達林 (Josef Stalin, 1878–1953) 專制統治的來臨，使得當時的歐洲左翼知識分子重新思考以政治經濟學為基礎的馬克思主義傳統。再加上二次世界大戰後，西歐勞工生活漸獲改善，而當時資本主義消費社會的文化娛樂，以及藝術商品化的現象更為氾濫，使得馬克思主義者開始從文化和藝術的角度，重新思考資本主義社會的困境，這就是西方馬克思主義的思想起源。因此，對資本主義消費社會進行文藝批判，成為西方馬克思主義一個新的戰略位置。而法蘭克福學派正是其中對藝術理論最為關切的一個重要學派。

法蘭克福學派的文藝理論，我們可以用「藝術自律性」和「藝術社會性」這組概念來說明。從字面上看起來，「藝術自律性」似乎和「為藝術而藝術」的概念有所對應；而「藝術社會性」似乎和「為社會而藝術」對應。不過，法蘭克福學派其實對「為藝術而藝術」和「為社會而藝術」這兩個概念都不滿意。因此，它試圖用「藝術自律性」vs「藝術社會性」這組美學概念，重新主張一種新的社會學美學：它既強調藝術的自律形式，同時又強調這種自律形式所具有的社會力量。那麼，這在理論上如何可能？讓我們先從法蘭克福學派對「為藝術而藝術」和「為社會而藝術」的批評說起。

●法蘭克福學派為什麼反對「為藝術而藝術」的觀點？

首先，法蘭克福學派反對與具體社會歷史隔離的藝術作品。對法蘭克福學派來說，這種藝術作品背後都反映著中產階級的意

識型態，這個意識型態意味著人必須過著雙重生活：現實的生活和想像的生活，而這兩者卻是分離的。在現實的生活裡，人們被機械性的勞動所異化，喪失了本真的生命自然；而在藝術的世界裡，它提供想像的生活，在這個想像中，藝術用幻想的幸福瞬間，虛假地撫慰現實生活的痛苦，透過這種唯美浪漫的幻覺獲得鴉片式的滿足，構築了一個避難所。這種想像的生活，表面上好像超越了現實，但實際上卻是躲入一個美而虛幻的形式中逃離了現實，人們現實的痛苦並沒有改變。法蘭克福學派的馬庫色 (Herbert Marcuse, 1898-1979)，把這種藝術形式所呈現的想像生活稱之為「肯定性的文化」(affirmative culture)，因為它製造出一個美的幻象，但這個幻象卻遮掩住現實裡的異化，進而消解了反抗社會的欲望。所以，法蘭克福學派反對傳統「為藝術而藝術」的觀點。那麼，法蘭克福學派對傳統的「為社會而藝術」看法又如何呢？

●法蘭克福學派為什麼反對「為社會而藝術」的觀點？

　　法蘭克福學派雖然反對傳統「為藝術而藝術」的觀點，但並不表示它就贊成「為社會而藝術」的觀點。對法蘭克福學派而言，藝術不能簡化成解放現實的工具。因為法蘭克福學派認為，藝術作品的社會性並不來自於任何外在「介入」的力量，而是來自於作品形式本身所具有的批判能量。例如法蘭克福學派的班雅明 (Walter Benjamin, 1892-1940) 就非常反對有政治或社會目的傾向的創作，他把現代藝術作品的創作者看作是現代社會中的一個「漫遊者」(flâneur)，「漫遊者」原指的是城市大街上那些毫無目的、無所事事閒逛的人。在班雅明看來，這些人是對資本主義商品社會的祕密抗議。因為「漫遊者」是和一般大眾對立的：

一般大眾是喪失個性、順從社會集體控制的「大眾」，而漫遊者則保持不合流的態度，在無目的的邊緣姿態中保持自我風格的孤獨個體。班雅明把「漫遊者」的這種孤獨個體當作藝術家的內在社會性，亦即，用一種反社會的方式抗議社會。就像馬庫色所說的，藝術不能表現革命，它只能透過另一種媒質，即一種美學形式來召喚革命；在這種美學形式中，政治內容由藝術的內在要求所決定。

另一方面，傳統馬克思主義的文藝理論主張「藝術為人民服務」的這個口號，也受到法蘭克福學派的質疑。法蘭克福學派認為這個抽象的「人民」，恰恰是「總體性」意識形態的一種表現。而這個「總體性」意識形態指的正是中產階級商業邏輯下，以量的平等取代質的特性，也是現代工業社會統一化的生產方式和現代消費社會無差別商品的消費模式，所造成的一體化狀態。總之，這種「總體性」意識型態就是將具體的、不同的個體規範為抽象的、統一的整體。這樣的理論一方面要求主體「介入」、「參與」社會，另一方面，這個主體卻已經缺乏獨立個體的意義，被「總體性」概念消亡了。

「藝術自律性」和「藝術社會性」的辯證關係

透過前面兩小節的說明，我們解釋了法蘭克福學派如何反對「為藝術而藝術」和傳統馬克思主義「為社會而藝術」的觀點。那麼，接下來我們就可以進一步說明，法蘭克福學派為什麼可以把「藝術的自律性」和「藝術的社會性」當作是藝術的雙重特質，並以此論證藝術自律形式裡的社會力量。

首先，就「藝術的社會性」而言，對法蘭克福學派來說，藝

術與社會的關聯是建立在對社會現實的批判上，是站在社會的對立面抵抗社會的，藝術並不是對社會現實簡單和被動的摹寫，這種迎合現實的觀點忽略了藝術對社會所具有的獨立批判性。因此，藝術雖與社會相關聯，但並不是政治或社會的附庸，也不是政治的工具，一旦它落入政治需要的陷阱裡，藝術就會變成政治的傳聲筒，而失去對社會的批判性。所以，藝術的社會性就包含在它對社會的否定性中。這也就是法蘭克福學派的阿多諾 (Theodor Adorno, 1903–1969) 所提出的「反藝術」(anti-art) 概念，他的意思是說，如果藝術要保持對自身的忠實，那麼藝術就必須產生對自己的懷疑，也就是反藝術。這是因為，一旦運用現實已有的語彙去繪製美的藝術，這就已經是僵死的藝術，所以，藝術必須從對自身的反叛中尋找出路。

其次，就「藝術的自律性」而言，它指的又是什麼？它和藝術的社會性又如何產生關聯？這個問題是法蘭克福學派美學的核心問題，同時也是理解現代藝術最重要的一把鑰匙。

傳統「為藝術而藝術」的美學，由於不指涉社會內容，因此只關注在形式的自律，這個形式的自律指的是關注在作品的單一形式像是構圖、顏色等。而法蘭克福學派所說的「藝術自律性」，它和「為藝術而藝術」美學相同的地方是，它們都主張，藝術內容不再是一種外在的意義，而是顯現在形式上。但法蘭克福學派卻再進一步認為：藝術的社會性，正好就是藝術形式本身。法蘭克福學派的阿多諾把這個稱之為「形式的內在性」，這個內在性同時又包含了「社會的內在性」。換句話說，在這裡把藝術和社會的中介連結起來的就是「藝術形式」。但問題是，形式和社會之間為什麼會產生關聯？傳統的形式美學所探討的美，僅和心理

事實有關，但和社會事實無關，而法蘭克福學派卻把這個形式和藝術的技術層面關連起來了。也就是說，法蘭克福學派關心的是藝術形式的技術構成方式，這個構成方式很大程度上決定了生產者（藝術家）和消費者（讀者、觀眾）之間的互動關係。因此對法蘭克福學派而言，技術作為藝術形式的生產力的一面，被視為連結藝術和社會關係的重大因素：即藝術形式是自主的，只有它的內在形式力量才是推動藝術和社會的關鍵，當社會關係（生產者和消費者、藝術家和觀眾）變得僵化的時候，藝術的先進形式便可以依靠它的生產力（技術）衝破這個關係。讓我們實際用德國極具影響力的現代劇作家和導演布萊希特 (Bertolt Brecht, 1898–1956) 的「陌生化效果」(de-familiarization effect) 來說明。

延伸知識

布萊希特是誰？

　　布萊希特是德國極具影響力的現代劇場改革者、劇作家及導演。二次大戰前，因逃避納粹而流亡歐洲和美國，其間一直創作劇本和研究戲劇理論。戰後回到東德，成立柏林人劇團 (Berliner Ensemble) 將自己的戲劇理論實踐在劇場裡，對當代戲劇界影響深遠。

　　布萊希特所提倡的是一種「史詩劇場」（epic theatre，或稱敘事劇場），他認為傳統劇場的表演，觀眾只是在一種類似催眠的狀態下缺乏思考，傳統劇場雖然試圖令觀眾感動，但布萊希特認為只有感動觀眾是徒勞無功的。當觀眾離開劇場之後，就會再回到自己的生活，生活的苦難並沒有改變。而布萊希特的史詩劇場主張，戲劇應該強調歷史化 (historification) 和過去性 (pastness)，亦即：在戲劇表現中，讓觀眾體悟到過去的人事物已不復往昔，但是在目前的社會中仍有改革的可能。

　　此外，布萊希特最著名的戲劇主張即是透過陌生化效果 (de-familiarization effect)，把我們日常生活裡習以為常的事物陌生化，讓觀眾可以抽離並以客觀理性的角度批判戲中角色，他希望觀眾看演出時，腦中會不斷進行批判，並認真思考如何改變社會。當觀眾變成觀察者去反思臺上發生的事，便會發現問題，而不是投入感情和臺上的表演情緒達到一致。

　　所以，從事劇場是為了培養觀眾的理性思考，從而達到改造生活、改造社會的目的。因此布萊希特的史詩劇場是一種教育劇場。

　　布萊希特戲劇有一個最著名的劇場效果是「陌生化效果」，它指的是在戲劇舞臺上透過製造出一種心理效果，讓觀眾和舞臺產生一種距離，從而認識到戲劇和現實生活的差異，以此激發起觀眾的批判意識。這裡所謂的批判意識，就是距離感的建立：戲劇不再是掩蓋現實的幻象欺騙，因此布萊希特要求戲劇使觀眾不時注意到表演的存在，以加強藝術的批判功能。法蘭克福學派的班雅明認為，布萊希特的戲劇，試圖打破慣常所期望的場景和戲劇故事的起伏，利用突然的停頓，引起觀眾的「驚異感」手段，是使觀眾產生批判意識的一種藝術形式。在這裡，戲劇對社會的批判不顯現在表演的故事內容，而是表演突然停頓的藝術表現形式，藉由這種藝術技術的發明與創新，改變藝術生產者和消費者之間僵化的關係，使觀眾產生新的感知，得以用新的眼光重新反思他／她的現實生活，進而達到對社會的批判意識。蒙太奇 (montage) 電影也是類似的手法。它透過跳接的剪輯技術，巧妙的引導觀眾進行心理聯想，打破我們對傳統電影平鋪的敘事手法。這種蒙太奇技術打破傳統電影欣賞者的沉思冥想，用震驚感打破僵化的日常心理和意識形態，從而激勵起一種革命的能量。

　　因此，對法蘭克福學派來說，藝術家不再是康德或浪漫主義時期的天才，創作也不是一個神祕的過程，相反的，藝術家是生產者，他像生產社會產品一樣的生產出藝術產品。這也就意味著藝術家不是某種主觀意念的創造者，而是根植於客觀的社會歷史環境中。阿多諾甚至把藝術家看成工匠，而既然是「工匠」，那藝術家的意念實際上對作品起不了太大作用，他僅僅是運用「先進的」技術來製作藝術產品的生產者。就這樣，法蘭克福學派便把自律的藝術形式的社會效應，作為一種對人性被壓抑的潛能解放。在這裡藝術的社會性和自律性兩者產生一種內在的聯繫：藝術從對自身的反叛中尋找出路的「反藝術」，就是藝術透過對自身形式構成方式的技術反思與突破。於是美學形式作為一種爆破性的力量，用否定的方式提示出一個對物化／僵化社會的某種改變的可能。所以藝術的社會效應對法蘭克福學派來說，絕不是順從的享樂，也不是道德的教化，而是通過內在的美學形式，將原本熟悉的內容和熟悉的經驗予以陌生化或產生某種距離感，藉此引導出一種新的美學意識和感知出現。不過，這種新的感知模式，因為是從反藝術的否定面開始，它打破觀眾平常原本熟悉的內容和經驗，因此往往呈現出不同於以往慣以為常的藝術觀看經驗，而是一種分裂、零碎和不協調的感受。而這種不協調的形式語言，已不是「美」，而可能是某種社會現實的「醜陋」。這也就是為什麼現代藝術常常藉由各種醜陋──甚至是令人厭惡的東西──揭示出現實世界的異化。透過展示「醜陋」，現代藝術不是逃避而是正視了現實的本質，它是對社會災難的某種抵禦和救贖。

　　於是，透過法蘭克福學派對「藝術自律性」（反藝術）和「藝

術社會性」（反社會）的新馬克思主義觀點，回答了什麼是「藝術自律的社會意涵」：藝術的社會性就包含在它對社會的否定性中，同時也包含藝術對自身的反思和懷疑，也就是反藝術，這也讓我們過渡到對現代藝術的一個最基本理解：如何從美到醜的藝術轉折。

　　本節對法蘭克福美學的理論說明大致告一段落。接下來的一章，我們要順著法蘭克福學派「藝術自律性」（反藝術）和「藝術社會性」（反社會）的藝術觀點，藉由若干現代藝術家的重要作品，具體說明藝術如何作為一種爆破性的力量，用否定的方式提示出一個對物化／僵化社會的某種改變的可能。我們對這些作品的說明，最後會再回應到我們在第二章提到的迪奇對藝術體制的觀察和補充說明。

第六章

日常物的批判性

　　我們在上一章提到，法蘭克福學派主張藝術的社會性包含在它對社會的否定性（反社會）裡，所以藝術必須從對自身的反叛（反藝術）中尋找對社會的出路。而藝術對自身的反叛，就是藝術透過對自身形式構成方式的技術進行反思與突破。因此藝術對自身形式的反思批判，就和對社會現實的批判，緊密的連結起來。我們在上一章曾經提到布萊希特「陌生化」的戲劇效果。那麼，在其他藝術的表現上，藝術家還做了哪些反藝術／反社會的「驚人之舉」呢？本章將以若干藝術家的作品，實際說明兩種「驚人之舉」的反藝術概念。在第一節，我們闡述的「驚人之舉」藝術是：把過去傳統藝術和日常物的那道清楚界線解構掉，把日常用品的現成物（例如小便斗）也當作是「藝術」。在這一節，我們將介紹杜象 (Marcel Duchamp, 1887–1968)、凱吉 (John Cage, 1912–1992)、白南準 (Nam June Paik, 1932–2006) 和安迪·沃荷 (Andy Warhol, 1928–1987) 的作品；在第二節，我們闡述的「驚人之舉」藝術是：把藝術和哲學之間的界線也解構掉，把沒有物質的抽象觀念，也當作是「藝術」。在第二節的最後，我們會再度回到迪奇對藝術體制的看法。

— 1 —

解構藝術品與日常物的界線：杜象、凱吉、白南準和安迪·沃荷

小便斗別鬧了：杜象的〈噴泉〉

　　我們在前面曾經提過，「美學」這個詞在十八世紀出現時的一個相應事件是把美和實用性的工藝區分開來。欣賞藝術不需要實用的目的和用途；相反的，藝術要避免和現實生活的實用面向

產生關聯，藝術僅需要品味和沉思。我們上一章也揭露出，這樣的美學觀其實是當時的資產階級獲取社會地位的一種文化策略。因此，現在當藝術家把精緻的「藝術品」與現實生活的「日常物品」間的界線取消掉的作法，正是藝術家對資產階級「品味」和其文化策略加以批判或是對資本主義社會現況表達不滿的一種反藝術策略。而這個藝術策略造成「驚人之舉」的作法是，它並不試圖恢復藝術的實用性，或是消彌藝術和工藝的界線，而是直接從日常生活物品下手，直接「宣稱」這些不具美感價值的日常現成物是「藝術」。藉此方式，它讓我們重新思考：其實十八世紀以降，我們對藝術與非藝術的區分，並非那麼的理所當然。這也就是為什麼當法國藝術家杜象在一九一七年購買一個小便斗，簽上 "R. Mutt 1917"，並取名〈噴泉〉(*Fountain*, 1917)，送去美術館展覽後，會引起軒然大波的原因。雖然這個展覽事前規定，藝術家只要繳交費用後，就會同意任何作品於展覽上展示，但最後〈噴泉〉仍被拒絕展出。被拒絕的原因，是因為這個作品在當時徹底挑戰了大家對藝術的界定和對藝術的品味。

這個經典作品，引發許多值得進一步反思的問題。在這個作品裡，藝術家杜象既非這個小便斗的設計者，也不是它的製作者，他所做的事只有「選擇」了這個物品，並且簽上名，送去美術館。就算不是一名藝術家，這些工作也不難完成。所以，這個作品不但挑戰藝術和非藝術的界線，還提出以下這個問題：究竟對於一個藝術作品而言，藝術家所扮演的角色是什麼？以這個作品來說，藝術家所做的事與物品本身的製作完全無關，只是貢獻了一個點子，並付諸執行。難道藝術家只要勇於創新、嘗試別人沒有做過的石破天驚計畫，就是藝術家了？這似乎和過去我們所

認定的藝術家有很大的不同。關於這個問題，讓我們留待下一章再來討論。接下來，我們要介紹的下一位藝術家——約翰·凱吉和他的著名作品〈4分33秒〉(*4'33"*, 1952)——會讓〈噴泉〉的兩個議題：藝術和非藝術的界線、藝術家所扮演的角色，變得更有趣。

無聲與假掰演出：約翰·凱吉的〈4分33秒〉

想像一下，如果你今天滿心期待要去音樂廳欣賞某鋼琴家的演奏。演奏即將開始，燈光變暗，演奏者步上臺前，坐在鋼琴前打開琴蓋，揭開琴譜，看似把手舉起準備彈琴，結果接下來的時間，鋼琴家竟然只是安靜坐著，沒有發出任何聲響。直到4分33秒後，演奏者起立鞠躬，然後離去。這就是約翰·凱吉在1952年的著名前衛作品〈4分33秒〉。如果你是坐在臺下的觀眾，你會有什麼反應？是呆住？發出噓聲？還是拍手叫好？

我們在上一個小節提問說：到底藝術家要做什麼事？凱吉在〈4分33秒〉裡，似乎對這個問題做了某種程度的回應，甚至把問題拋給了觀眾。自1952年的鋼琴首演後，陸續有不少鋼琴家、交響樂團皆表演過這個經典「曲目」。〈4分33秒〉裡最有趣的地方是，演奏的藝術家（音樂家）和指揮家都非常「假掰」、裝模作樣的「扮演」音樂家的角色：穿著表演的正式服裝，甚至有些版本在樂曲開始前，首席小提琴手還帶領大家調音、指揮家也煞有其事地抓起指揮棒指揮，但是這一切都是在「扮演」和「假裝」音樂家和指揮家。這個作品在某個意義上讓我們思考：藝術家的「表演性」，以及是否有「真實」的表演？另一方面，〈4分33秒〉安靜無聲的表演，將臺下觀眾的注意力從臺

前轉移到平常不會注意的事情上，例如，聆聽樂器表演以外的各種其他聲響、自己身邊的所有聲響等等，把音樂演奏的最基本元素——演奏——轉變成聆聽。此外，對於藝術和非藝術（音樂和非音樂）的界線，〈4分33秒〉也做了一個頗具顛覆性的回答。在以往我們慣常將振動規則，高低音明顯的聲音稱之為樂音，反之則是噪音。但凱吉在〈4分33秒〉挑戰了這個區分並質問：振動不規則、高低音不明顯的聲音，為何不能也是音樂？也就是說，在我們日常生活所出現的各種聲音，為什麼不能是音樂的一部分？沿著音樂的前衛性概念，我們再來看看韓國著名的前衛藝術家（也是凱吉的學生）白南準做出什麼驚人之舉的藝術作品？

佛陀也看電視？藝術與科技的跨界想像：白南準

被稱為「錄像藝術之父」(Father of Video Art) 的白南準，是第一位將藝術與多媒體（例如電視）加以結合的前衛藝術家。他一九七一年的作品〈電視大提琴〉(*TV Cello*, 1971)，用電視機作成了一個大提琴，讓大提琴家穆爾蔓 (Charlotte Moorman, 1933–1991) 用電視大提琴做演奏，但其實音樂是來自電視機裡。這種錯置混淆的藝術表現手法，開啟了藝術與各種大眾媒體和電子產品的跨界思考，也拋出科技與藝術該如何共處的新議題。這些跨界議題對當代藝術的影響非常深遠。白南準在一九七四年的另一個經典作品〈電視佛陀〉(*TV Buddha*, 1974)，更是精準表達出藝術、科技與人文之間的複雜關係：一尊佛像端坐在電視前，另外有一臺攝影機對著佛像即時攝影並放映到電視機裡，所以佛陀看的其實是自己的影像。在這個作品裡，佛陀一方面作為自我沉思、觀想的一個傳統形象；但另一方面，祂觀想沉思的對象卻又

是來自於現代攝錄科技的自我影像,於是,這個作品在傳統宗教與現代科技之間的互融、自我形象的不斷來回複製、觀看與被觀看的相互折射,也與佛教的輪迴概念取得一種現代科技觀點的詮釋呼應。

可樂的複製與挪用:安迪‧沃荷

有關解構藝術與日常物界線這個議題,我們最後要介紹的藝術家是安迪‧沃荷。安迪‧沃荷作品的特色是運用複製圖像,營造出一種大量無個性、無動於衷的商品(或明星、名人)挪用與複製。例如他一九六二年的作品〈綠色可樂瓶〉(*Green Coca-Cola Bottles*, 1962),大量的可樂瓶子以整齊、機械性、標準化的方式重複排列,就像生產線或賣場裡的商品或廣告海報。安迪‧沃荷對日常物的看法,和杜象類似的地方是,皆把日常物品當作是藝術,但是沃荷作品和杜象最大的差異是,沃荷的日常物品幾乎等於商品。於是,這樣的藝術圖像到底是在批判資本主義的商品化現象,抑或是為資本主義的商品加以背書,似乎就顯得非常弔詭。然而這樣的弔詭性,正是安迪‧沃荷作品的魅力所在。

不過,另一方面,許多人會質疑,當安迪‧沃荷的作品已經成為一種商業媒介和資本主義商品化景觀一部分的時候,普普藝術作為一種反藝術/反社會的文化策略是否仍有可能?這個問題也是二十世紀六〇年代以後,一些馬克思主義學者所關心的問題。他們主張,流行文化和青少年次文化(像是動漫)不僅是簡單的複製資本主義的商品元素而已,而是經由挪用、轉化成具有前衛性和革命能量的能動性,從而可以更有效進行顛覆資本主義文化,或與之進行協商的能力。因此,這個流行文化的藝術面向

發展，也讓當代藝術的面貌顯得更為多元而複雜。

從觀念藝術到對藝術體制的批判：對迪奇「藝術體制」的第一個補充

我們在上一節闡述了第一種「驚人之舉」的藝術，亦即：把藝術和日常物的界線解構掉，日常用品的現成物也可以是「藝術」。在這一節，我們將闡述第二種「驚人之舉」的藝術，亦即：把藝術和哲學之間的界線也解構掉，就算是沒有物質的抽象觀念，也可以是「藝術」。在上一節，我們提到杜象〈噴泉〉的時候有提到：在這個作品裡，藝術家既非作品的設計者，也不是它的製作者，藝術家所做的事只有「選擇」了這個物品，並且簽上名，送去美術館。因此，我們會發現在這個作品裡：〈噴泉〉之所以會是一件藝術品，並不在於藝術家的技藝，而在於他所思考的概念。也就是說，對於一個藝術作品而言，藝術觀念比技藝還更關鍵。二十世紀六〇年代以後的觀念藝術，正是把這個面向推到極致的藝術派別。而這就是我們這一節要繼續討論的問題。

什麼是「觀念藝術」？

一九六七年觀念藝術家勒維特 (Sol LeWitt, 1928–2007) 曾發表一篇名為〈觀念藝術短評〉(Paragraphs on Conceptual Art, 1967) 的文章，他直接指出，「在觀念藝術裡，想法觀念是作品中最重要的面向，當一位藝術家用一個藝術的觀念形式時，指的是所有計畫和決定在著手進行之前便已決定；而執行的舉動只是一件機械的工作。」對觀念藝術家而言，創作的執行面——包括

處理媒材的經驗和熟悉度、對工具的掌握能力等等——已經不重要，唯獨「觀念」在各種創作元素裡，被單獨提升到最優先的位階。勒維特貶低執行面的用意在於，召喚觀者心智層面而非視覺或情感層面的回應。不過，另一方面，觀念藝術並非把藝術的所有物質性都取消，而是徹底揚棄「媒材特定性」的形式想法；也就是說，藝術家不用再受到形式選擇的束縛，可以使用各種載體來傳達觀念或想法，舉凡文字、照片、檔案、聲音等皆可。例如，觀念藝術的第一個展覽，是由當時的藝術策展人西格勞 (Seth Siegelaub, 1941–2013) 在一九六八年所策劃，他展覽的就是他的辦公室。他說：「我們在辦公室的空間中展覽，我們不需要畫廊。我們展示列印的材料，我們展示短暫的作品，只是由文字定義的，而不需要一個物質的載體」。

一九六九年三月，西格勞又策劃了第一個純粹只以目錄形式存在的展覽〈三月一至三十一日〉(*March 1–31*, 1969)。在這個展覽裡，他想要顛覆一般人對展覽文字的既定想法，所以把目錄本身當成展覽資訊的主要來源，而非只是附屬的文件。一般觀眾對美術館展覽文字的既定想法是，它是對作品的說明，因為作品是最優先的，展覽文字只是對它的延伸和補充。然而，西格勞想要表達的卻正好相反：他認為作品只是展覽文字和目錄的補充說明。這個看似荒謬不合理的想法，其實某個程度上還蠻吻合我們的觀展經驗：對於某些難解的作品，當我們怎麼看都不理解的時候，旁邊的文字或導覽解說拯救了我們。這個時候，如果從觀眾理解的角度，反而有一種展覽文字比作品還重要的感覺！

在這個展覽裡，他向三十一位藝術家發出邀請，讓他們輪流一天創作一個作品，而且他們只能選擇其中一種方式把他們

的「作品」放在目錄裡：1. 你希望你的名字被列入名單，並附上一段關於你「作品」的描述或相關資訊；2. 你希望你的名字被列入，但不附上任何資訊；3. 你不希望你的名字被列入。在這個展覽裡，作品與目錄的主從關係被顛倒過來，因為只有目錄才能指涉該展的全部意涵，甚至目錄本身才是真正的意義所在的「展場」，使得〈三月一至三十一日〉構成一種同時具備虛擬性和真實性的「最極簡的事件」，因為展覽的所有訊息被壓縮到僅憑目錄來傳達，目錄因此「僭越」了一個虛構的展覽事件，成為這個展覽唯一的真實訊息。

從觀念藝術到藝術體制

　　在西格勞的這兩件觀念藝術作品裡，不但徹底揚棄「媒材特定性」的想法（展示的是列印材料和文字），甚至還進一步打破展覽的空間位置（在辦公室），藝術家希望改變的是我們對作品物質層面的單一思考。而對「現成物」的使用正是希望可以顛覆狹隘單一的審美態度，因為現成物的「藝術地位」不是由美感來判斷，而是依賴其所處的理論脈絡所決定的。那麼，這就會引發另一個我們在前面第二章所提及的一個關於藝術體制運作的有趣問題：誰來決定這是不是一件藝術作品？像西格勞的〈三月一至三十一日〉，藝術的物質性已經被文字和訊息所取代，那麼它和放在藝術展覽手冊裡的文字、貼在美術館門口的公告或是作品旁邊的文字說明，甚或藝評文字之間的差別在哪裡？又，為什麼西格勞一九六八年在辦公室的「展覽」是藝術作品，但在我辦公室裡的文件卻不是？

對迪奇「藝術體制」的第一個補充

我們在第二章提到迪奇的「藝術體制理論」概念。迪奇探究的是：藝術作品地位的形塑過程和它的體制性條件之間的相互關係。在他「藝術體制理論」的最後一個版本裡，迪奇問說：「猩猩所畫的圖算不算藝術作品？」如果這些圖畫被放在自然科學博物館裡，它們比較不會被當作是藝術作品，但是如果把它們放在美術館裡，則就很有可能被當作藝術作品。迪奇認為，造成這兩者差別的原因，取決於體制性背景，也就是說，猩猩的畫若要成為藝術作品，必須要某位代表藝術世界的成員，賦予這些圖畫作為鑑賞的候選項地位（例如有某位藝術界大老為其作品背書，並將其作品放置在美術館展出）。因此，如果猩猩的畫果真被視為藝術作品，所仰賴的是整個藝術體制的運作：某位已被認可的策展人、獲得美術館的展覽機會等等。因此，猩猩能不能成為一名藝術家，重要的關鍵是藝術創作者、作品與藝術體制之間潛在的互動網絡。這也表示，藝術作品地位的裁決過程，也是在這個網絡中逐步形成的。我們會發現，美國在六〇至七〇年代的觀念藝術發展正和迪奇的「藝術體制理論」有某種深刻的呼應關係：他們皆從後設的角度來思考藝術生成這件事是如何可能的。雖然迪奇的理論常被批評僅止於藝術體制的普遍性描述，缺乏對特定藝術體制政治性操作的細緻說明，像是對「藝術家」、「作品」、「展出空間」的任一環節在藝術體制內是如何被確立的；還有在整個社會中，不同經濟階級或職業因為文化資本和文化權力的差異，如何造成觀眾在藝術接受上的差異？而七〇年代的觀念藝術家正好彌補迪奇在理論上的不足。接下來我們將藉由幾個作品，進一步說明藝術家如何透過對美術館（它是藝術機制裡最重要也是最

關鍵的一環）機制的批判，來說明藝術機制所隱藏的裁決過程。

延伸知識

布迪厄的「文化資本」(cultural capital)

　　法國社會學家布迪厄 (Pierre Bourdieu, 1930–2002) 在六〇年代和達貝爾 (Alain Darbel, 1932–1975) 合著的《藝術之愛》(*The Love of Art*, 1966)，考察了那個年代法國人參觀畫廊的喜好模式。調查結果發現，那些聲稱自己喜歡形式複雜、實驗性較高、抽象的表現主義藝術，同時又聲稱自己具有一定程度藝術史背景知識的人，多半是高收入階級的成員。與之相反地，那些聲稱自己喜歡具現實主義或功能性特點強的藝術，同時不表明自己具有什麼藝術史背景知識的人，往往是收入低的成員。

　　布迪厄認為，那些擁有較少經濟資本的人，也相應擁有較少的文化資本；反之，那些擁有較多經濟資本的人，也常擁有更多的文化資本。他們享有這些優勢，持續較長的時間在教育培訓和許多非正式的文化社交。這些優勢建立在「有教養家庭」的成長環境基礎上，使得他們能夠養成對「純粹」、「難懂」、「非功能性」藝術的喜好。這種藝術要求特殊的感知欣賞技巧、較多的教育背景知識，使他們能夠解釋藝術品中的符號系統。

　　因此，布迪厄總結認為，康德美學裡的無利害態度，其實是社會上那些擁有大量文化資本和經濟資本的成員的特權。藝術品的審美原則並非對每個人都是直觀可得的，能接受這些審美態度和品質不是一種自然天賦，而是一種通過學習獲得的能力，而這個能力的獲得，卻是在特定的社會文化條件下才有可能。

　　漢斯·哈克 (Hans Haacke, 1936–) 在一九七一年的一個著名作品〈一九七一年五月一日，夏普斯基家族曼哈頓房地產持有：

真實時間的社會系統〉(*Shapolsky et al. Manhattan Real Estate Holdings, a Real-Time Social System, as of May 1, 1971*, 1971)，作品裡藝術家對紐約曼哈頓房地產的擁有權，進行一系列的相關調查，其中還包括當時惡名昭彰的夏普斯基 (Shapolsky) 家族，哈克附上一百四十二張建築的照片、圖表、單據和地圖，顯示房地產轉移的文件。這些內容使得藝術家預定的個展「漢斯·哈克：系統」(Hans Haacke: Systems) 遭到紐約古根漢美術館 (Guggenheim Museum) 的取消。古根漢美術館取消的理由是，館方宣稱作品存在著法律責任上的潛在危險，同時也認為藝術作品不應帶有涉及個人的政治性影射。這個個展的取消，反倒凸顯出作品所欲批判對象（例如房地產的不法併購與不法介入）的問題，同時也激發哈克後續開始針對美術館的權力結構、政商關係、多元文化主義和言論自由等進行剖析，探討文化菁英與政商權貴的交互影響。哈克利用展出地點的特殊脈絡，加上現成物與拼貼的達達主義手法，接受體制內的展覽機會，利用複雜的視覺手法，結合圖像與文字，營造出一種「建設性的挑釁」，傳達對文化與政治之間的深入探索。

另一位藝術家阿舍 (Michael Asher, 1943–2012) 於一九六九年把惠特尼美術館 (Whitney Museum) 展覽廳的牆壁移走，用空間的改變和移轉，希望觀眾質疑「牆是固有存在」的看法，他寫道：「對藝術來說，牆壁只是用作展示的平面。」一九七〇年，他把加州一間實驗藝廊的大門拆掉，每天二十四小時開放，讓光線和噪音成為室內環境的一部分，挑戰藝廊應是寧靜欣賞空間的習慣。一九七四年，阿舍將洛杉磯的克萊兒·柯普利畫廊 (Claire Copley Gallery) 裡的隔間移開，讓觀眾看清楚展覽背後的工作。

一九七九年，他在芝加哥藝術博物館 (Art Institute of Chicago) 的作品則是要求把一座位於大門口的華盛頓 (George Washington) 雕像，移到該博物館的十八世紀法國藝術陳列廳。這個看似胡鬧的舉動，其實想要表達：當作品的場域發生轉換的時候，作品的意義也會跟著移轉——它從一個單純象徵美國文化的公民紀念物（公共場所的偉人銅像），轉變成展覽廳內的陳設物（藝術品），凸顯出政治意識型態的複製品和藝術作品之間，會隨場域的改變而發生意義的改變。阿舍另一個著名作品是一九九九年出版的一本小冊子，列出紐約現代藝術博物館 (MoMA) 自成立以來「遺棄」（即出售或交換）的每一件藝術品，把藝術館的行政祕密曝光。

阿舍的作品常被視是「體制性的批判」(institutional critique) 的代表，他專注於揭露藝術世界的內部結構，把隱藏在藝術世界底層的利益關係揭露出來，並討論藝術是如何被賦予社會價值等主題。其中他對藝術體制最直接的批判是他在一九七三年的作品〈無題〉(Untitled, 1973)。他將米蘭一家藝廊的牆壁和天花板噴砂，去除掉一般畫廊空間常見的潔淨白漆，讓底下的混凝土曝露出來，於是把畫廊／美術館平常隱藏不見的底層邏輯顯露出來，也就是說，平常那個封閉、白淨、安靜、排他的藝術「神聖殿堂」只是一種如同中產階級自我包裝的「姿態」。平常在這個封閉的「白盒子」裡，各種政治意識型態的包裝和資本主義的商品交易都在其中進行。

本章最後結束前，讓我們作一個簡短的總結。本章介紹兩種「驚人之舉」的反藝術概念，一是解構藝術與日常物的界線，日常現成物也可以是藝術；二是解構藝術和哲學的界線，藝術作品

不用再受到「媒材特定性」的形式選擇的束縛，舉凡文字、照片、檔案、聲音，皆可用來傳達藝術觀念和想法。藝術透過這些「驚人之舉」，既是對藝術自身形式的反思批判，也是對社會現實的批判。於是，現在我們可能會遇到下一個問題。那就是：無論是杜象的〈噴泉〉、凱吉的〈4分33秒〉，或是哈克的「建設性的挑釁」、阿舍的「體制性的批判」所進行的文化與政治之間的權力關係探索，這些「驚人之舉」也往往透過誇張的手法，或是透過揭露醜聞甚至挖掘聳動議題的文化策略，吸引住大眾的目光。這種策略卻也容易被拙劣的仿效、被媒體炒作運用，或是被藝術體制所收編。在這種情況下，哪些藝術作品是具有原創性的？哪些作品又只是跟風的仿效？當代藝術一旦脫離美的原則和判準之後，我們能不能夠再建立一個新的判準，去評判藝術的好與壞？這個問題便是我們最後一章要討論的。

第七章

當代藝術的風貌：
何時是藝術？

　　我們在前兩章提到，法蘭克福學派主張說，藝術必須從對自身的反叛（反藝術）中尋找對社會的出路。而這種反叛的前衛藝術表現，到了二十世紀的五〇年代以後，逐漸失去它的批判力道。法國的藝術理論學家吉姆內茲 (Marc Jimenez, 1943–) 在《什麼是美學？》(Qu'est-ce que l'esthétique?, 1997) 這本書，便說明了當代藝術為何如此讓人困惑的原因，其中包括：1. 藝術疆界的消失：從觀念藝術以後，前衛藝術的表現幾乎沒有任何限制，以至於發展到後來，似乎變成「什麼都可以是藝術」，讓觀者對藝術感到更加困惑；2. 藝術物化：藝術家對材質的著迷或對科技的氾濫運用，造成了藝術作品的不協調性，使作品似乎無法與人親近；3. 藝術商品化：七〇年代文化消費和藝術市場的蓬勃發展，使得各種藝術作品的接受度與包容性變高；4. 藝術體制的影響：國家的文化政策和私人企業大力支持、推廣藝術活動，使藝術作品的品質容易變得參差不齊；5. 價值危機：受到大眾媒體對具新聞性的獵奇偏好，影響或混淆了藝術理論界所建立的藝術價值觀。

　　因此，吉姆內茲進一步認為，當代藝術在過度開發後，造成幾個理論上的危機：1. 過去的藝術或美學觀點，已經無能為力解釋當代藝術的發展；2. 單只使用視覺或造型的審美愉悅，也無法面對當代藝術的複雜性；3. 已經不可能再為當代藝術建立一套通用的理論準則。吉姆內茲的這些觀察的確反映出我們面對當代藝術作品時的某些困惑和矛盾。如果我們暫且同意吉姆內茲的觀察，那麼，也許我們就可以理解美國當代分析哲學家古德曼 (Henry Nelson Goodman, 1906-1998) 對當代藝術理論的轉向思考，具有什麼樣的意義。

當代美學理論的古德曼轉向：從「什麼是藝術」到「何時是藝術」？

　　我們在第二章提到，後期維根斯坦的美學主張是：一個詞的意義就是它在語言中的用法，而一個詞「在語言中的用法」就是要描述語言所在的文化和歷史意義或「生活形式」。古德曼正是在這個地方繼承了維根斯坦的看法，並進一步對傳統美學裡的再現論和表現論展開批判。我們先來看古德曼是如何進行這些批評的。

古德曼對傳統再現論的批判

　　首先，對於傳統的再現理論，古德曼認為，傳統美學總把「再現」(representation) 連結到「相似」(resemblance) 或「模仿」(mimesis)，因為「再現」的字面意思就是「再次呈現」。然而，古德曼卻認為，所謂的「再現」並不需要依賴「相似性」：因為「再現」總是指向另一個對象，而「相似性」則是單指同一個對象，這兩個概念並不相同。因此古德曼主張，與其說再現和相似性關係緊密，還不如說再現更接近「指稱」(denotation)，也就是說，一張再現某對象的畫就像語言描述的段落指涉某對象，指稱它。就這樣，藝術再現的問題就從風格形式的比較，轉變成表意結構的語言學分析。古德曼接著進一步再從對模仿論和透視法，這兩個在傳統上被視為是支持再現論的主要概念的批判，來闡述他的藝術觀點。

　　首先，對於模仿論，古德曼認為我們的眼睛總是受到其他感

官、意識和知識的影響，因此，眼睛如何看和看到什麼，都受到需求和偏見的控制，眼睛在看到對象的同時，就已經在第一時間對對象進行了分類、辨識和判斷，所以，並不存在所謂的「純真之眼」，因為眼睛並非如鏡子般能如實的反映客體所是的樣子。

其次，對於透視法，古德曼認為透視法意味著用單眼透過一個孔洞正面看一張靜止的圖畫，而客體也必須這樣被觀看。但是這樣的觀看條件在真實情況下幾乎是不可能的。因為我們眼睛實際的觀看經驗，總是受到周遭環境的影響決定著我們看什麼以及怎麼看，眼睛無法固定不動的只看一個對象。然而，透視法卻把這些觀看的外部條件都排除掉了，讓我們誤以為觀看始終是「中立」的。其實對看畫的觀者來說，不同文化背景的人觀看同一個圖像，關注的重點也會不一樣。由此可見，再現所涉及的不只是再現的過程，還包括如何觀看和詮釋的問題。

古德曼最後要說的是，傳統再現論所依賴的相似性，並非那麼理所當然，而是某種文化規範和構思。也就是說，「再現」不是簡單的事實呈現，而是涉及背後的觀者意圖和文化運作。

古德曼對傳統表現論的批判

再來，對於傳統的表現理論，古德曼也加以批判，因為他不認為藝術是情感的表現。如果說，古德曼要把相似性和再現論進行切割，那麼，現在他要把「情感」(emotion) 和表現論切割開來。他認為，藝術家（或作曲家、演員）不一定具有作品所要表達的情感。因為藝術的表達和觀看者的觀看，其實在某程度都是習俗和文化塑造的結果。換句話說，表現不再是直接的再現情感，而是依賴著某種象徵運作方式在起作用。不過古德曼認為，表現情

感和再現對象的象徵運作方式並不一樣，圖像和再現物之間的關係，前面已經說過，不是「相似」而是「指稱」；而圖像和表現物之間的關係首先是一種隱喻。因為圖像可以確切的說，它具有一種暗灰色的顏色，但是只有在隱喻的意義上，它才具有悲傷的象徵。隱喻，因而促使象徵在不同語言系統之間可以轉換，也因此，它會造成因系統跨越而帶來的重新認知。不過，它們之間又是如何進行轉換的呢？

古德曼認為這需要依賴「範例」(exemplification)：「表現」就是在隱喻範例。但是在無數被範例化出來的各種可能屬性中，又如何決定是哪些屬性呢？古德曼說，在「只有那些適當種類的屬性，以適當方式被隱喻範例出來的屬性，才會被表現出來。」然而，什麼又是「適當種類」和「適當方式」呢？古德曼說，重點不在於是否有人稱圖像是悲傷的，而是「悲傷的」標記是否事實上被運用：「聲稱一幅圖像是悲傷的絕不會讓它變得悲傷。但這並不是說一幅圖像是否悲傷，完全獨立於『悲傷的』用法，而是說，藉由實踐和訓誡已經有了『悲傷的』用法的情況下，它對圖像的適用性不是任意的。」因此，所謂的「適當種類」和「適當方式」並非任意，而是透過習得的實踐和訓誡，進行隱喻的輸入和轉換。而這些隱喻在象徵系統間的轉移，通常是透過外在的習得與與實踐，而不是誇飾法、反敘法或反諷法等內在技巧所產生的轉移。

藝術的價值不在美感，而在勇於突破

就這樣，古德曼把情感表現論的問題轉變成象徵的運作、辨識和判斷的問題，藝術的情感表現就是象徵系統之間的隱喻範例

和轉換。如此一來,藝術價值 (aesthetic merit) 的基準就不再是傳統美學的「愉悅」、「美感」或「真理」,而在於隱喻象徵和範例是否合適與正確。不過,對古德曼來說,光是符合正確和合適還稱不上具有藝術價值,例如:一個符合現有或流行的再現模式的作品,並不具有藝術價值。古德曼認為藝術價值來自於能夠勇於突破這個合適與正確性,在既有的象徵模式中改造舊的再現慣例,對既有的象徵或指涉方式進行重新概念化,並創造出新的系統運作模態。所以,一個革命性的作品,不但利用、同時也違反已建立的慣例。而這樣的作品會提升我們對世界的理解,藉由揭示新的觀看方法,幫助我們發現新的事物。因此,古德曼透過語言象徵系統,藝術成為我們認識世界的一種方式,「再現」(對象或情感)是「認識」的同義字,而這個「再現」卻比以往包含更積極主動的意義,一方面「製造」這個世界,另一方面,又促進我們的好奇,想要不斷理解這個被我們所建構的世界。

讓我們再回到前面所提到的當代藝術脈絡。古德曼認為,藝術已經不再是「再現/表現」層次上的問題,而是透過藝術作品的語言象徵系統,去理解這個象徵系統是如何作用的。古德曼對藝術的看法,面對當代標榜新質材、新樣態,「什麼都可以是藝術」的藝術現象具有很高的解釋力,因為我們的確已無法從藝術的內部因素(藝術性質)去判定什麼是藝術,我們只能反過來問:一件作品放在文化與歷史脈絡上的存在意義是什麼,以及理論家和觀眾對它的論述,來判定為什麼它是藝術。所以,古德曼說:「『什麼是藝術?』這問題根本就不成立,因為這個問題並不能對應於根本不在乎什麼是藝術的當代藝術現象,唯有將研究問題放在象徵理論上,才有助於釐清現成物藝術及所謂觀念藝術之合

法性等具爭議性主題。」

　　古德曼這裡說的「象徵」，指的是對於一件藝術作品已不需要看圖說故事，從造型、視覺和顏色的愉悅或感受去說明它的藝術性，這些對當代藝術不再重要。作品的「象徵」意義是外來的，而外來的象徵意義，不是說它的象徵來自於作品裡某些東西組合出來的象徵，而是說作品的主題要能夠刺激到文化和歷史的社會共同記憶，因此，一個物件要有這樣的象徵意義才能被視為藝術作品。另一方面，因為作品議題要刺激到文化和歷史層面，這也就表示，古德曼所強調的作品象徵性，必須在文化歷史議題上具備一定程度的挑釁度。而這也呼應了當代藝術裡，似乎愈具爭議性的藝術行徑，就愈在藝術史上具有重要地位的現象。因此，古德曼便把藝術從表現問題轉變成知識問題，從美感愉悅的問題轉變成是象徵問題。所以，古德曼認為，當代藝術最核心的問題已經不再是「什麼是藝術？」(What is art?) 而是「什麼時候才是藝術？」(When is art?) 也就是說，當一個物件在文化及歷史上有象徵意涵的時候，才成為一件藝術品；反過來，當這個物件在文化和歷史脈絡上已失去意義的時候，它也就不被當作是藝術作品了。這樣也就能夠解釋，為什麼「在一段時間之後，最傑出的繪畫一度會讓人生厭，最偉大的音樂一度會讓人惱火。一件作品可以逐次的讓人感到厭惡、著迷、愜意和厭煩。這就是知識的媒介和工具的興衰變遷。」當藝術從感受變成知識的問題後，古德曼認為，透過符號系統的理解形式，我們不僅通過我們的符號發現世界，而且根據我們不斷成長的經驗，也不斷提高並整合到我們對符號的理解和重估。正是這些理解造成了審美的動態發展和歷久彌新的部分。

　　古德曼對藝術的解釋，某種程度上非常契合我們現在參觀美術館的經驗。我們在美術館觀看藝術作品的時候，常有的困惑是：這個也算是藝術作品嗎？這個藝術家或藝術作品究竟想表達什麼？古德曼的藝術理論基本上解釋了這些困惑，因為藝術價值的標準已經不在美和愉悅上，而在它所處的文化和歷史脈絡的存在意義和象徵關係上，才能判定它是否是一件藝術作品。所以，對觀者來說，藝術作品的觀看，也不再只是一個無涉利害的心理態度和保持超離關係的審美距離，而是願意不斷接受藝術家所提供對世界新的理解，新的觀看方法，幫助我們發現新的事物。所以，藝術從審美的感受轉變成知識的探索。不過，有時候這種探索是一種不愉快的挑釁，因為它挑戰的是觀眾對某些事物既定的看法和成見，例如，性別、宗教、族群等議題。這個部分，會再次觸及到我們對迪奇「藝術體制」的討論。讓我們在下一節繼續來說明。

— 2 —

性別、族群與跨文化：對迪奇「藝術體制」的第二個補充

　　我們在上一節提到，古德曼的藝術理論把藝術價值的標準放在藝術作品所處的文化和歷史脈絡的象徵關係上，才能判定它是否是一件藝術作品。那麼，在這裡我們可以繼續再追問的問題是：藝術作品所處的文化和歷史脈絡是什麼？是由誰來判定這個物件在文化及歷史上是否具有象徵意涵？如果我們還記得第二章提到迪奇的「藝術體制」和丹托的「藝術界」的話，那麼，在這裡，我們是不是可以說，藝術作品的文化和歷史脈絡正是這些藝術體制和相關的藝術理論？迪奇和丹托的理論似乎提供了很好的

線索。不過，關於這個問題，女性主義的藝術評論家們卻不能滿意，並對此展開進一步的批判和反思。

女性主義藝術理論家布蘭德 (Peggy Zeglin Brand) 認為，如果迪奇和丹托有關藝術體制和藝術界的看法是正確的，那麼，我們就會發現到這個所謂的藝術體制和藝術界所形成的審美觀，從十八世紀以來（甚至更久）幾乎都被歐洲社會上層階級的白人男性所確立和掌握。這使得過去傳統的藝術理論，明顯疏漏了女性、其他有色人種、以及各種文化的成就和視角。對於這個問題最常聽到的合理化答案就是，「如果女性夠優秀，她們本應早就加入在這個優秀大師的行列裡了，可見，是女性藝術家不夠優秀。」諾克林 (Linda Nochlin, 1931–2017) 在一九七一年的著名文章〈為什麼沒有偉大的女性藝術家？〉(Why Have There Been No Great Women Artists?, 1971) 已揭露出在社會、經濟、政治各方面，女性如何千方百計的被阻止進入、參與藝術活動。而這些通常又建立在十分穩固而又未受質疑的哲學體系的基礎上，這個哲學體系往往不把女性視為獨立的理性個體，僅把她們歸類為缺少理性和德行、無法控制身體激情和情感的「不完美男性」，因此，她們無法在思想和精神上有更高的追求，因為女性不是理性的、不是充份的人類，導致她一直被視為次等的地位。同樣的邏輯也適用於對其他有色人種的看法上。

因此，布蘭德認為，如果迪奇和丹托有關藝術體制和藝術界的基本方向是正確的話，那麼它們仍然不夠充分而且是非歷史的。因為，迪奇的理論雖然規定了藝術界成員所佔據的職能，但是卻沒有提供有關那些職能的任何細節，這些細節包括描述他們的侷限性、他們變革時所處的情況以及他們佔有的條件（例如，

過去誰已經佔據那些職能，現在又是誰在佔據它們，未來誰又最終將佔據它們）等等問題，而迪奇沒能描述的這些藝術史細節，卻是支撐迪奇理論可以成立的基礎，但迪奇卻從未將此清楚闡述過。另一方面，丹托說的「藝術界」和授予藝術地位者的「藝術理論」所認定的「藝術作品」，它所依賴的「典範的藝術世界」，仍與過去的藝術典範以及未來可能的藝術典範，共同分享了某種重要的屬性，而這些傳統的藝術典範包含相當可觀的排「她」性前例和偏見，拒絕嚴肅的看待女性藝術家，使得傳統的美學典範被性別化為男性的（同樣也被族群化為白種人的）。

女性主義藝評家的批評，凸顯了迪奇和丹托所說的藝術體制和藝術界背後的威權和獨斷性，而這是迪奇和丹托隱而未說的東西。而在這個藝術體制裡，決定誰可進入或拒絕誰進入的等級以及給予權力的特權，仍然繼續被體制化，這些也是我們在上一章提到像阿舍這樣的體制批判藝術家努力要批判的目標。因此，女性主義評論家的批評，從性別的角度，批判性的補充了迪奇和丹托所說的藝術體制和藝術界。

現在，如果古德曼的藝術理論，是把藝術從審美的感受轉變成知識的探索連結起來，那麼我們可以說，正是這樣的批判性使得藝術作品可以保持開放性，願意不斷接受藝術家所提供對世界新的理解、新的觀看方法，幫助我們發現新的事物。同時也因為這些作品往往帶有批判體制的意味，因此有時候這種藝術的探索也常常會是一種不愉快的挑釁，因為它挑戰的是我們觀眾對某些既定事物的看法和成見，這也就是為什麼我們到美術館的參觀經驗常常變成一場智力的挑戰，甚至是不太美好的經驗。最後讓我們用兩個例子來說明。

第一個例子是著名的「游擊隊女孩」(the Guerilla Girls) 這個常常出沒搗亂的藝術團體所做的政治行為。這個藝術團體成立於一九八五年的紐約，希望喚起廣大藝術社群對藝術圈內性別與種族不平等的議題。她們利用海報、書籍、佈告欄，以及公眾演出，用挑釁甚至是激怒大眾的方式，藉此揭露出藝術圈裡的性別歧視。成員們戴上大猩猩面具，因為在英語裡 "gorilla"（大猩猩）與 "guerrilla"（遊擊隊）字形相近，更重要的是 "gorilla" 這個詞在俚語中有「使用暴力者」的意思，表達對男性霸權的反諷。「游擊隊女孩」首次以示威方式出現是在一九八五年，當紐約現代藝術美術館舉辦大型當代藝術展的時候，她們抗議在參展的一百六十九位藝術家中，只有十三位女性藝術家；隨後她們的抗議還包括，指出一九八九年大都會美術館的當代藝術公開藏品中，女性藝術家的作品低於百分之五，而相對之下，約有百分之八十五的裸體畫作是以女性為主題。藉此相關活動，表達這個藝術體制的不公對待。

第二個例子是英國當代黑人藝術家克里斯・奧菲利 (Chris Ofili, 1968–) 的作品〈聖母瑪利亞〉(*The Holy Virgin Mary*, 1996)。這幅極具挑釁性的作品，雖然是一幅名為聖母瑪利亞的肖像作，但是這幅作品和以往西方聖母的形象相比，顯得非常離經叛道：在黃色和橙色的背景上，瑪利亞的形象被色情雜誌上剪切下的圖案所包圍，那些圖案取代了以往圍繞在聖母身邊的小天使，而那個聖潔無暇的聖母形象竟是一個披著藍衣的非洲黑人。在畫中，藍色長袍敞開一部分，露出一邊的胸部，胸部則是混合著金粉的大象糞便；支撐畫作下方的兩個黑色物體，也是象糞，一個寫著 "Virgin"，另一個寫著 "Mary"。奧菲利曾解釋說，他

自己也是天主教徒，會使用象糞創作是因為根據他的非洲祖先，象糞被視為神聖的物品。儘管如此，這個作品仍然觸犯了白人觀眾在種族和性別議題上的敏感神經，當這幅畫作一九九九年在紐約布魯克林美術館展出時，引發信奉天主教徒的紐約市長魯道夫・朱利亞尼 (Rudolph Giuliani) 勃然大怒，他甚至拒絕兌現對布魯克林美術館的財政補貼。而奧菲利是想藉由這個作品刺激觀眾對於性別、種族和西方白人宗教和之間過於習以為常的「自以為是」。

再回到古德曼的藝術理論。我們前面提到，古德曼認為，藝術價值的基準已經不是傳統美學所強調的「愉悅」、「美感」或「真理」，而在於隱喻象徵和範例是否合適與正確。而且，光符合正確和合適還不夠，藝術價值還來自於勇於突破合適與正確性，在既有的象徵模式中改造舊有的再現慣例，對既有的象徵或指涉方式進行重新概念化，創造出新的系統運作模式。所以，一個革命性的作品，不但利用、同時也違反已建立的慣例。但這樣的作品會提升我們對世界的理解，藉由揭示新的觀看方法，幫助我們發現新的事物。我們可以發現上面這兩個完全稱不上是具有美感的作品，勇於突破舊有的圖像慣例（對女性藝術家不公平對待的反思、對西方白人宗教神聖性的另類嘲諷）卻符合了當代的「藝術價值」。在觀看過程中，也許不少觀眾被激怒，但許多觀眾也從這些作品裡，對這個世界產生新的觀看方式和新的理解，例如：認真思考我們對女性藝術工作者的歧視、對少數族群和跨文化議題的忽略，並進一步在生活實踐上，開始培養對各種性別和族群的敏感度和友善感。

延伸知識

迪奇「藝術體制」的在地思考

　　如果我們用迪奇對藝術體制的看法，來思考臺灣在地的藝術體制、藝術形式和什麼是藝術之類的問題時，我們就會立刻冒出許多問題：例如，在臺灣的藝術發展脈絡裡，什麼樣的藝術體制可以決定什麼是藝術？由哪一群人來決定？臺灣經歷過不同國家政權的統治，政治體制和藝術體制之間又具有哪些共謀關係？尤其我們如果把藝術體制跟古德曼所說的「何時是藝術」結合起來，我們便可以進一步思考，為什麼過去臺灣的布袋戲和歌仔戲無法登大雅之堂，而現在它們成為臺灣重要的傳統藝術？這些藝術體制在當今全球化的脈絡下，又發生那些變化？這些有趣而複雜的問題有待讀者繼續慢慢思索……

— 3 —

結語：聰明的藝術家和聰明的觀眾——古德曼是否走得太遠？

　　古德曼的藝術符號理論，一方面對當代藝術的各種繁雜現象做出一個頗具說服力的觀察，但另一方面，他對藝術價值的重新認定，摒除過去傳統對藝術審美的觀看方式和審美標準，這也讓若干藝術工作者和藝術欣賞者感到失落。因為若照古德曼藝術價值的標準，藝術家的繪畫及再現技藝，觀者的藝術鑑賞眼力，都與這件藝術作品的價值沒有直接關係，古德曼甚至說「過分關注藝術品的卓越性，可能限縮了美學的研究」。更甚者，古德曼的藝術理論或許還鼓勵了一批「聰明的」藝術家和觀眾，他們善於觀察捕捉時代敏感的文化議題，並將之包裝成藝術。從這種角度

來說，當代的藝術家與其說是藝匠或藝術勞動的生產者，還不如說他們是行銷工作者，善於包裝自己、包裝議題。

古德曼的藝術理論和前面我們所提到的各種藝術理論相比，顯得聰明而時髦，也更能呼應我們這個時代的藝術現象。然而，能夠呼應這個時代現象的藝術理論，是否毫無保留的，它就是一個最佳的藝術理論？這個問題則留待讀者們繼續思考下去。

— OUT Aesthetics：走出美學，藝術拯救地球？ —

本書已經到了尾聲。我們在前面提到了各種美學理論、藝術觀點和藝術作品，但最後我們還是要回到一個最基本的問題：我們為什麼需要藝術？藝術能為我們做什麼？若要問我，我自己的答案是：藝術能拯救我們，藝術還能拯救地球。當我們直面與藝術作品接觸的時候，好的作品可以讓我們愉快的好似在天堂，壞的作品可以讓我們痛苦的彷彿入地獄！但無論如何，在我們與藝術品相遇的那一刻，藝術作品所帶給觀者的想像力，無論是痛苦還是愉快，我們的身體和心靈就會因為這道想像力而被拯救。因為一個不同的觀點，生命或許就出現新的轉機而就此改變。藝術就是提供我們各種具想像力和創造力的觀點。這些觀點讓我們看到路的盡頭不是結束，而是有無數的小徑同時在延伸、在連結、在毀滅、又再重生。藝術可以改變觀者的觀點，也能改變我們對社會的思考，應該也能改變我們對這個星球的想像吧……

所以，致閱讀完這本書的讀者，不用只侷限在紙本的理論，走出美學，展開一場拯救心靈、拯救地球的藝術之旅吧！

各章參考書目
及網路資料

導論

張碩尹、鄭先喻 (2016)，〈棲息地 Habitat: Second Life〉
作品網址：http://www.hfec.org.tw/content/16907

連俐俐，《大美術館時代》，臺北市：典藏藝術家庭，2010。

喬治·亞德里安，《策展人工作指南》，王聖者譯，臺北市：典
藏藝術家庭，2017。

第一章

休姆，〈鑑賞品味的標準〉，收錄在《休謨散文集》，肖聿譯，北京：
中國社會科學，2006。

李醒塵，《西方美學史教程》，臺北市：淑馨，1996。

亞里斯多德，《詩學》，劉效鵬譯，臺北市：五南，2014。

柏拉圖，《柏拉圖文藝對話錄》，朱光潛譯，網路與書，2005。

康德，《判斷力批判》，鄧曉芒譯，臺北市：聯經，2004。

席勒，《美育書簡》，徐恒醇譯，臺北市：丹青，1987。

David Hume, "Of the Standard of Taste" in *Essays, Moral, Political, and Literary*, edited by Eugene F. Miller, Indianapolis: Liberty Classics, 1987.

Immanuel Kant, *Critique of the Power of Judgment*, translated by Paul Guyer & Eric Matthews, Cambridge, New York: Cambridge University Press, 2000.

Dabney Townsend，《美學概論》(*An Introduction to Aesthetics*)，林逢祺譯，臺北市：學富文化，2008。

第二章

丹托，《在藝術終結之後：當代藝術與歷史藩籬》，林雅琪、鄭
慧雯譯，臺北市：麥田，2004。

維根斯坦，《哲學研究》，尚志英譯，臺北市：桂冠，1995。

劉悅笛，《英美分析美學史論》，臺北市：秀威資訊，2016。

Arthur Danto, "The Artworld".

　文章網址：http://faculty.georgetown.edu/irvinem/visualarts/Danto-
Artworld.pdf

—— *The Transfiguration of the Commonplace: A Philosophy of Art*,
Cambridge, Mass.: Harvard University Press, 1981.

—— *After the End of Art: Contemporary Art and the Pale of History*,
Princeton, N.J.: Princeton University Press, 1997.

George Dickie, "The Institutional Theory of Art" in *Introduction to
Aesthetics: An Analytic Approach*, New York: Oxford University
Press, 1997.

—— *The Art Circle: A Theory of Art*, Evanston, Ill.: Chicago Spectrum
Press, 1997.

Ludwig Wittgenstein, *Philosophical Investigations*, translated by G. E.
M. Anscombe, Pearson (3rd edition), 1973.

第三章

托爾斯泰，《托爾斯泰藝術論》，古曉梅譯，臺北市：遠流，
2013。

柏拉圖，《柏拉圖文藝對話錄》，朱光潛譯，網路與書，2005。

康德，《判斷力批判》，鄧曉芒譯，臺北市：聯經，2004。

劉昌元，《西方美學導論》，臺北市：聯經，1994。

Immanuel Kant, *Critique of the Power of Judgment*, translated by Paul Guyer & Eric Matthews, Cambridge, New York: Cambridge University Press, 2000.

Dabney Townsend，《美學概論》(*An Introduction to Aesthetics*)，林逢祺譯，臺北市：學富文化，2008。

第四章

Dabney Townsend，《美學概論》(*An Introduction to Aesthetics*)，林逢祺譯，臺北市：學富文化，2008。

李醒塵，《西方美學史教程》，臺北市：淑馨，1996。

高達美，《真理與方法：哲學詮釋學的基本特徵》，洪漢鼎譯，臺北市：時報文化，1993。

第五章

陳瑞文，《阿多諾美學論：雙重的作品政治》，臺北市：五南，2010。

楊小濱，《否定的美學：法蘭克福學派的文藝理論和文化批評》，臺北市：麥田，城邦文化；家庭傳媒城邦分公司發行，2010。

蘇風銘，〈藝術自主性及其不滿〉，《藝術論文集刊》，20 & 21 期 (2013/10/01)，頁 87–126。

Julia Annas, *Plato: A Very Short Introduction*, New York: Oxford University Press, 2003.

奧斯汀・哈靈頓，《藝術與社會理論：美學中的社會學論爭》，周計武、周雪娉譯，南京市：南京大學出版社，2010。

馬克 · 杰木乃茲,《阿多諾:藝術、意識形態與美學理論》,欒棟、
關寶艷譯,臺北市:遠流,1990。

舍勒肯斯,《美學與道德》,王柯平、高豔萍、魏怡譯,成都:
四川人民出版社,2010。

第六章

王聖閎,《從哲學化到體制化:早期觀念藝術的終結、離散或轉
型》,國立中央大學藝術學研究所碩士論文,2008。

皮力,《從行動到觀念:晚期現代主義藝術理論的轉型》,臺北市:
典藏藝術家庭,2015。

Pierre Bourdieu and Alain Darbel with Dominique Schnapper, *The Love
of Art: European Art Museums and Their Public*, translated by
Caroline Beattie and Nick Merriman, Cambridge, UK: Polity Press,
1991.

瑪莉塔 · 史峇特、莉莎 · 卡萊特,《觀看的實踐:給所有影像
世代的視覺文化導論(全新彩色版)》,陳品秀、吳莉君譯,臺
北:臉譜,2013。

第七章

陳瑞文,〈當代藝術的一種鑑賞與評論方向:論戈德曼 (Nelson
Goodman) 的「什麼時候才是藝術?」〉,收錄在《美學革命與
當代徵候評述》,臺北市:臺北市立美術館,2002。

鄭勝華,《製造藝術:論古德曼的藝術哲學》,臺北市:政大出版
社,2013。

Peggy Z. Brand, and Carolyn Korsmeyer (Ed.), *Feminism and Tradition in Aesthetics*, University Park, PA: The Pennsylvania State University Press, 1994.

納爾遜・古德曼，《藝術的語言：通往符號理論的道路》，彭鋒譯，北京市：北京大學出版社，2013。

Nelson Goodman, *Languages of Art: An Approach to a Theory of Symbols*, Indianapolis: Hackett, 1976.

Guerrilla Girls，《游擊女孩床頭版西洋藝術史》，謝鴻均譯，臺北市：遠流，2000。

馬克・西門尼斯，《當代美學》，王洪一譯，北京市：文化藝術，2005。

Linda Nochlin，〈為什麼沒有偉大的女性藝術家〉，收錄在《女性、藝術與權力》，游惠貞譯，臺北市：遠流，2005。

另外，對美學有興趣的讀者，可進一步參考下列相關網址的美學條目：

The Stanford Encyclopedia of Philosophy (https://plato.stanford.edu/)

Internet Encyclopedia of Philosophy (http://www.iep.utm.edu/)

生老病死間的大哉問

黃珮華　著

作者在本書中討論了基因檢查、墮胎、聰明藥、安樂死、醫師專業等等爭議，援引當代世界各地的實例，如環法冠軍阿姆斯壯的禁藥與輸血爭議、肢體殘缺的刀鋒戰士竟被四肢健全者攻擊說他作弊、想要安樂死的鮑維雅被醫院以鼻胃管強迫灌食、安潔麗娜切除乳房跟貧富公義有關係……。本書以宏觀的視野來關注生命、醫療、基因工程、哲學、倫理學、社會公義、人類未來發展等議題，是極佳的生醫倫理入門書。

國家圖書館出版品預行編目資料

硬美學: 從柏拉圖到古德曼的七種不流行讀法／劉亞
蘭著.－－初版一刷.－－臺北市: 三民, 2020
面;　　公分.－－（哲學輕鬆讀）

ISBN 978-957-14-6849-5　（平裝）
1. 美學 2. 哲學

180.1　　　　　　　　　　　　　　　　109008194

哲學輕鬆讀

硬美學──從柏拉圖到古德曼的七種不流行讀法

作　　者	劉亞蘭
責任編輯	謝嘉豪
美術編輯	林佳玉
發 行 人	劉振強
出 版 者	三民書局股份有限公司
地　　址	臺北市復興北路 386 號 (復北門市) 臺北市重慶南路一段 61 號 (重南門市)
電　　話	(02)25006600
網　　址	三民網路書店 https://www.sanmin.com.tw
出版日期	初版一刷 2020 年 7 月
書籍編號	S100060
I S B N	978-957-14-6849-5

三民書局